Allitera Verlag

Georg Queri wurde am 30. April 1879 in Frieding geboren. 1902 begann er seine journalistische Laufbahn als Lokal- und Gerichtsreporter bei den »Münchner Neuesten Nachrichten«; 1908 wurde er Chefredakteur des »Starnberger Land- und Seeboten«, daneben arbeitete er für die Zeitschrift »Jugend«, deren Redaktion er im Januar 1918 bis zu seinem Tod übernahm; im Ersten Weltkrieg arbeitete er eineinhalb Jahre als Kriegsberichterstatter für das »Berliner Tageblatt«. Zu seinen wichtigen literarischen Veröffentlichungen gehören Lieder (»Die weltlichen Gesänge des Egidius Pfanzelter von Polykarpszell«, 1909), Erzählungen (»Die Schnurren des Rochus Mang, Baders, Meßners und Leichenbeschauers zu Fröttmannsau«, 1910), Theaterstücke (»Matheis bricht's Eis«, 1918) und ein posthum erschienener Roman (»Der Kapuziner«, 1920). Literaturgeschichtlich bemerkenswert ist seine zusammen mit Ludwig Thoma herausgegebene erste Anthologie bayerischer Autorinnen und Autoren (»Bayernbuch«, 1913). Mit seinen umfangreichen volkskundlichen Sammlungen (»Bauernerotik und Bauernfehme in Oberbayern«, 1911 und »Kraftbayrisch«, 1912) geriet er ins Visier von Polizei und Staatsanwaltschaft. Wegen eines lebenslangen Leidens, das auf einen tragischen Unfall in frühester Jugend zurückging, starb Queri bereits mit vierzig Jahren am 21. November 1919 in München.

Georg Queri · Werkausgabe in Einzelbänden
Herausgegeben von Michael Stephan

edition monacensia
Herausgeber: Monacensia
Literaturarchiv und Bibliothek
Dr. Elisabeth Tworek

Georg Queri

Die weltlichen Gesänge des Egidius Pfanzelter von Polykarpszell

Illustrationen von Paul Neu

Mit einem Nachwort von Michael Stephan

Allitera Verlag

Der Text dieser Ausgabe folgt der im Verlag R. Piper & Co., München 1911 erschienenen Ausgabe. Ausführliche Hinweise zur Edition s. S. 98f.

Weitere Informationen über den Verlag und sein Programm unter:
www.allitera.de

Bibliographische Information der Deutschen Bibliothek
Die Deutsche Bibliothek verzeichnet diese Publikation in der Deutschen Nationalbibliographie; detaillierte bibliographische Daten sind im Internet über <http://dnb.d-nb.de> abrufbar.

2. Ausgabe April 2010
Allitera Verlag
Ein Verlag der Buch&media GmbH, München
© 2005 für diese Ausgabe: Landeshauptstadt München/Kulturreferat
Münchner Stadtbibliothek
Monacensia Literaturarchiv und Bibliothek
Leitung: Dr. Elisabeth Tworek
und Buch&media GmbH, München
Umschlaggestaltung: Kay Fretwurst, Freienbrink
Herstellung: Books on Demand GmbH, Norderstedt
Printed in Germany · ISBN 978-3-86906-029-3

IM AUFTRAG DES KAISER KARL VOM UNTERSBERG

müaß ma enk doh amal in's Haberfeld treibn,
im ganzn Isarwinkl hamma's ausgschickt, unser
   Ladungsschreibn.
Und werd heunt alles augmährig gmacht von enk Schreibersgselln,
und mir wolln enk enkere Schandtatn schoh kloaweis verzähln
und werds schoh hörn, was für a Grewell aufgeht,
bal ih frag: Is 's wahr oder net!

Oes verzählts von uns weiters net nette Brocka
und teats 's ganz Jahr in der Stubn drinna hocka
und verfreßts ganze Zentn Tintn und Papier
und schreibts über d' Baurnleut und sagts, dees san mir,
und habts uns z'erst gwaschn und kamplt und g'laust
und schö ohzogn und ohgschmiert, uns hat weiters net graust!
Und habts an Dokter kemma lassn und habts gsagt: Dokter, hilf
   nacha,
über d' Stier traun mir uns net schreibn, muaßt Ochsn draus
   macha.
So habts d' Mannerleut töt –
is's wahr oder net?

Ja, wahr is 's!

Daß mir a Schneid ham und daß ma Leut san, habts allaweil
   gschriebn,

wia ma 's glesn ham, hamma uns all mitanand gschriebn;
und hat a jeder von enk Schreibersgselln 's erste vergessn,
daß mi aa amal dee Menscher a Hemad ohmessn.
Dees sagn mir schoh laut und mir fürchtn uns net Sündn,
und dees derfa d' Leut überall hörn und z' Preußn hintn,
viel liaber als enker G'wasch und G'red –
is 's wahr oder net?

Ja, wahr is 's!

Und bal unseroaner im Wirtshaus dischkriert,
sölle Sprüch, wia ös schreibts, hamma gwiß net aufgführt!
Und tean sih unsere Herr Pfarrer mit uns schoh aa net leicht,
und koan Teifi und koa Höll hamma noh nia net gscheucht;
und mir san net so lahmarschet als wia d' Schreibergselln
und lassn uns net als wia d' Hosndrähdräh histelln,
wann 's Lüfterl scharf geht –
is 's wahr oder net?

Ja, wahr is 's!

Dee vieln Jahr her habts über uns gschmiert
und habts an uns rumdoktert und rumprobiert,
bis d' Leut gsagt ham: Halt, jetz glangt's, fehlt nur mehr der Heilingschei,
na packts dee Kerl und stellts es pfeilgrad in d' Kircha nei
und derfts es ausziahgn bis auf dee nakat Haut,
brauchts koa Feignblattl net, weil ma doh nix derschaut,
was oan abschrecka tät –
is 's wahr oder net?

Ja, wahr is 's!

Taat noth, bal dee fremdn Leut in's Boarnlandl neikema,
unseroaner taat sih a Kapuzinerkuttn umhänga
und derfat gleich aus der altn Haut fahrn und a neue ohziahgn
oder müaßts macha wia ös und alle Leut ohlüagn
und schö d' Augn verdraahn – Himmiherrgottsakrament!
Oes habts uns unser Suppn schö verbrennt!

Und unsere Weiberleut müaßtn gleih in Himmi nei laffa,
kunnt ma uns lauter gußeiserne ohschaffa,
gaab a schöns Gfreet –
is 's wahr oder net?

Ja, wahr is 's!

So jetz habts enker Kraut und jetz laßts uns in Ruah.
Mir müassn heunt noh in Untersberg zua
und an Kaiser Karl berichtn, bal er uns fragt:
Dene hamma d' Wahrheit gsagt!
Werd der Kaiser Karl sagn: Bal s' weiter so schreibn,
na müaß ma s' halt wieder in's Haberfeld treibn!

Aus dem Leben des Egidius Pfanzelter

Was über seine Mutter Anastasia Pfanzelter zu sagen ist

Als Anastasia Pfanzelter, Oberdirn beim Pischetsrieder zu Polykarpszell, Mutter geworden war, begab es sich, daß sie irre redete. Infolgedessen wurden die Nachforschungen nach des Egidius Vater sehr erschwert und verlangten vom Bürgermeister der Polykarpszeller Gemeinde wesentliche Schreibarbeit, die aber kein Erfolg belohnte.

Und eines Tages legte der Bürgermeister die Feder nieder und schloß seine Nachforschungen nach des Egidius Vater ab.

Egidius blieb vaterlos.

Aber die mündliche Ueberlieferung entnahm den Erzählungen der Anastasia Pfanzelter einige Aeußerungen, denen zufolge Egidius vielleicht der Sohn eines Stromers ist, vielleicht der Sohn eines Großbauern mit achtundvierzig Stück Hornvieh und fünfthalbhundert Tagwerk gerodetem Grund und einhundertzwanzig Tagwerk Wald; vielleicht der Sohn des Wirtsmetzgers Sebastian Ottl, welcher am heiligen Fronleichnamstag in Machtlfing erstochen wurde; vielleicht der Sohn eines Jägers; vielleicht der Sohn eines Prinzen.

So irre redete die Anastasia Pfanzelter, als man sie über die Vaterschaft befragte.

Da sie schwangeren Leibes gewesen, hatte sie das erzählt: wie sie auf dem Himmelreichanger in der Mintrachinger Flur Grummet gemäht habe; wie ein wandernder Uhrmachergeselle aus dem

Preußischen sich ihr genähert und sie betört habe. Unter der Eiche am Widdersberger Rain und zwar zwangsweise.

Aber Religion, Name und Wohnort des preußischen Uhrmachers konnten vom Bürgermeister zu Polykarpszell nicht ergründet werden.

Gleichwohl gebar die Anastasia Pfanzelter am Sankt Annatage im Jahre 1874 einen Knaben, der in der heiligen Taufe den Namen Egidius erhielt. Egidius, das ist: – aber ich weiß nicht mehr, welche Bedeutung der Name hat.

Als aber der Taufschmaus stattfand, erinnerte sich die Pfanzelter, daß sich ihr in der fraglichen Zeit der Tiefenbacher Barthl in sündhafter Weise genähert habe, bei der Erdäpfelernte in Siebenmoos. In der Vesperzeit unter den Weiden am Würmufer. Ein Zwang war nicht ausgeübt worden.

Aber der Tiefenbacher verhielt sich ablehnend, obwohl er ein lediger Bursche war und für seine achtundvierzig Stück Hornvieh und fünfthalbhundert Tagwerk Grund eine Bäuerin hätte brauchen können.

Auch der Wirtsmetzger Sebastian Ottl, der aus dem Niederbayerischen stammte und in Machtlfing bedienstet war, konnte nicht herangezogen werden. Der Schneiderramsl Girgl hatte ihn erstochen. Die Anastasia Pfanzelter erzählte, daß sie mit dem teuern Verblichenen zu Jakobi getanzt habe. Die Zeugung geschah am Heuboden des Oberen Wirtes. Auch hier lag kein Zwang vor.

Des ferneren erzählte die Pfanzelter von einem Vorfall, der in einrechnungsfähiger Zeit im Boschet bei Garching stattfand anläßlich der Hofjagd. Er trug ein Gewehr und einen grünen Hut. An einen Zwang könne sie sich nicht erinnern.

Auch die Prinzen, die zur Hofjagd in die Garchinger Auen kommen, haben Gewehre und grüne Hüte.

Aber die Anfrage des Polykarpszeller Bürgermeisters betreffend den illeg. Egidius Pfanzelter erfuhr seitens der königlichen Hofjagdintendanz den kurzen Bescheid: Der in Betracht kommende Jagdgehilfe Balthasar Schmid von Oberwarngau kann sich einer Anastasia Pfanzelter nicht erinnern. Auch seien weitere Alimentationsabzüge vom Gehalte des oben Bezeichneten nicht mehr zulässig.

Egidius blieb vaterlos.

Blicke in die Seele des Egidius Pfanzelter

Er war zweiunddreißig Jahre alt, als ich ihn kennen lernte. Als ich ihm drei Maß Bier bezahlt hatte, begann er mich lieb zu haben und erzählte mir von dem großen Geheimnis seiner Geburt.

Auch erzählte er mir, daß er sich dem Krautgartl Karpus – welcher aber richtig Polykarpus heißt – darum als Roßknecht verschrieben habe, weil des Krautgartl Sohn Kaplan sei zu Gießeschingen und alljährlich drei Messen zu lesen pflege für die Ehhalten des elterlichen Gehöftes. Also auch für seine – des Egidius – Seele.

Und das vertraute er mir auch an: daß er wegen Krampfadern und Satthals vom Militär frei geworden sei. Er hätte aber sehr gerne bei den Hulanern gedient, wo gschpitzige Lanzen haben.

Das alles also erfuhr ich; aber es genügte mir nicht zu einem tiefen Blick in des Gidi Seele.

Egidius, das ist in der Bauernsprache: Gidi.

Einmal zeigte mir der Gidi sein Sparkassenbuch über die Einlagen, die er beim christlichen Bauernverein gemacht hatte. Es lautete auf dreihundertundsechszehn Mark und etliche vierzig Pfennige, die in vier kurzen Jahren sich aufgestapelt hatten. Denn der Gidi erhielt als Fuhrknecht manche Trinkgelder und besoff sich nur an hohen Feiertagen, rauchte nur Cigarren, die ihm mildtätige oder verworfene Männer schenkten, und hatte niemals einem Mädchen weder Lebzelten noch Halstücher gekauft. Niemals.

Ich hegte deshalb den finsteren Verdacht, daß des Gidi Seele am Gelde hing.

Auch erzählte man sich, daß der Gidi in der Seelenmesse für seine verstorbene Mutter darum einen abgrundtiefen Schmerz geheuchelt habe, um den Herrn Pfarrer um die Opferpfennige zu prellen.

Denn die Osterbichlerin sah's: er legte sechs uralte schäbige Hosenknöpfe in die Opferschalen.

»Oh, so häufet ein Menschenkind Schätze an, die Rost und Motten zerfressen! Aber für die unsterbliche Seele tuet so ein Menschenkind nichts!«

Ich entnehme diese Worte einer Predigt des Hochwürdigen Herrn zu Polykarpszell, den der Gidi um die Opferpfennige geprellt hatte. Diese Predigt bestärkte mich in den Verdacht, daß der Gidi ruchlos nach Reichtümern strebte.

Vielleicht täuschte mich diese Beobachtung; jedenfalls hielt ich sie nicht für allzu wichtig.

Auch gelang es mir plötzlich, einen ganz kurzen wichtigeren Blick in des Gidi Seele zu tun.

So, wie man verstohlen und unanständiger Weise zur Nachtzeit in die eheliche Kammer des Nachbarn durch die Fensterscheiben schielt, ehe noch das Licht der Kerze starb, so lugte ich in die Seele des Gidi hinein: ich las heimlich eine Ansichtskarte, die er nach München adressiert hatte.

»An Ursula Schweck, Schwabing, wohnhaf in der Leopoldstraß Hausnummerer 7.«

»Was fällt dir denn ein, Gidi?«

Der Gidi sah mich verständnislos an, bis er seine Ansichtskarte in meiner Hand entdeckte. Er wollte mir sie entreißen und warf sich auf mich. Da er aber wegen Krampfadern und Satthals vom Militär frei geworden, konnte er mir nichts anhaben und mußte die Karte zu meiner einstweiligen Verfügung belassen.

Ich setzte meine Kritik fort: »Ja, was fällt dir denn ein, Gidi? Erstens, man schreibt nicht ›an Ursula Schweck‹, sondern: ›an Fräulein Ursula Schweck‹, so die Dame noch dem jungfräulichen Stande angehört – was ich hoffe, Gidi!«

»Dees möcht ih beschwörn!« rief der Gidi.

»Warum schreibst dann net: Fräulein?«

»Sie is koa Gnädige net; sie is a oafachs Frauenzimmer!«

Ich drehte die Karte um und interessierte mich für die Mitteilung:

»Liebe Urschula! Ich tref Ihnen wan ich wider nach München kom. Ich kom wider nach München zur österlichen Beicht. Dann gets in einemhin. Es grißt Ihnen Egidius Pfanzelter.«

Ei ei, der Gidi!

»Gidi?«

»Ha?«

»Was geht in einem hin?«

»Ha?«

»Schämst dich net, Gidi?«

»Waruma?«

»Fahrst zur österlichen Beicht nach München – erstens: warum

beichst net beim Hochwürdigen Herrn in Polykarpszell? Traust dir ihm net unter die Augen mit dein Sündenpackl?«
»Naa – ih trauat mih schoh ...« brummte der Gidi. Aber in seinem Gesicht klagte eine tiefe Röte an.
»Zweitens: was geht in einem hin? Gidi! Gidi! Was hast für Absichten? Wie kann man sowas auf eine Ansichtskarte schreibn?«
»Net wahr is 's!« trotzte der Gidi. »Ih hab gmoant, bal ih schoh zwoa gschlagne Stund lauf, voh Polykarpszell bis auf Münka nauf, na kunnt ih doh mein Bsuach aa glei macha ...«
»Und??«
»Und sie hat mih in ihr Desdament nei toh!«
»Wer??«
»D' Urschi halt. Weil s' verwandt is zu mir.«
»Die Ursula Schweck?«
»Jo; sie is voh meiner Muadern a unrechte Schwester.«

Meditationen über des Egidius Schreibebuch

Die verdorrte alte Jungfer, deren Beziehungen zu Gidi über die einer Erbtante niemals hinausgediehen waren, ging immerhin an zwei Wochen in meinem Kopfe herum.

Vielleicht auch erinnerte mich der Gidi zu oft an die Schwabinger Dame. Warum wohl? Schier war ich versucht, in dem harmlosen Bauernburschen einen Spötter zu erblicken.

War er ein Spötter?

Ich kann es nicht untrüglich feststellen.

Aber so sagte er:

»Jatzt werd s' siebnundsechzg Jahr alt! A schöns Alter!«

»Wer wird siebenundsechzig?«

»D' Urschi halt; mei Basn.«

Natürlich ärgerte ich mich. Nicht über das Altwerden überhaupt und nicht über alte Weiber, aber über diese Ursula Schweck.

Und dann sagte er wieder:

»Jetz is s' in drittn Ordn eitretn. Da muaß s' arg viel betn!«

»Wer?«

»D' Urschi halt; mei Basn!«

Oder: »Is dees guat zahlt, als Putzerin im Schwabinger Bräu?«
»Hm. Woher soll ich das wissen, Gidi? Und warum interessiert's denn dich?«
»Weil sie als Putzerin hikommt.«
»Wer?«
»D' Urschi halt; mei Basn.«
Ich ärgerte mich sehr lange, ich glaube vier Tage lang, obwohl innerhalb dieser vier Tage kein Wort über die Alte fiel.
Aber am fünften Tage:
»Muaß mih doh aa amal fotagrafiern laßn.«
»Zu was denn?«
»Woaßt –«, er wurde sehr vertraulich und ging in ein Flüstern über, »ih möcht ihr halt doh amal a Fotografie schickn. Dees is jetz der Brauch.«
»Soso, Gidi! Hat sich was angebandelt? Wer is sie denn?«
»D'Urschi halt; mei Basn.«
Ich war sprachlos. Zornig maß ich den Burschen; aber es gelang mir nicht, in seinen harmlosen Zügen etwas zu finden, das den Spötter bezeichnete.
Vielleicht war er auch kein Spötter.
Vielleicht war er dem alten Weibe kindlich zugetan; dann mußte er wohl oft ihrer gedenken. Aber warum hatte er früher nicht öfter von ihr gesprochen?
Ich wußte nicht, wie ich ihn beurteilen sollte. Aber vorsichtshalber mied ich ihn nun einige Zeit.
Ich traf ihn wieder, als er einen Wagen mit Dünger belud und offensichtlich schwitzte. Ich sah, wie er den Rockärmel als Schweißtuch für sein Gesicht benützte und schließlich den lästigen Rock auszog. Auch sah ich, daß in der Brusttasche dieses Rockes ein Notizbuch stak.
Ich kannte es wohl, dieses Notizbuch.
Manchmal hatte ich den Gidi beobachtet, wenn er aufmerksam darin las. Aber immer hatte er das Buch sofort verschwinden lassen, als ihm meine Neugierde aufgefallen war.
Und nun wurde es mir plötzlich klar, daß ich dieses Notizbuch an mich bringen müsse. Konnte es etwas anderes in sich bergen, als die Seele dieses Mannes? Ich hatte sie monatelang vergeblich gesucht, sie mußte in diesem Notizbuch stecken.
Und warum las er zuweilen darin?

Die vielen Seiten hatte eine Hand beschrieben, die von der Seele des Egidius Pfanzelter dirigiert wurde.

Tja – aus diesem Grunde mußte das Buch gestohlen werden.

Ich bin im Stehlen nicht ungeübt. Jung geübt – wer hat noch nie Obst gestohlen?

Und also stahl ich das Notizbuch aus dem Rock, den der Gidi vertrauensvoll auf den Misthaufen gelegt hatte.

Ich bebte vor Aufregung, als ich das Buch in Händen hatte.

Die Seele des Egidius Pfanzelter, die ich durch Monate ängstlich gesucht hatte! Und die ich nun schier mühelos in einem alten Rock auf einem Düngerhaufen fand!

Ich zog mich mit meinem Raube von dem Gidi zurück, weil er mit der Mistgabel hantierte.

Ich kenne diese Mistgabeln! Man unterschätzt zumeist ihre Länge und gegen ihre Handhabung genügt weder die Kunst des Boxens noch des Djiu-Djitsu zur Abwehr. Merke dir: Der Stiel einer Mistgabel ist länger als dein Arm; das Instrument mißt etwas mehr als einen Meter vierzig; indeß ohne die Zinken, die du mit zwanzig Zentimetern nicht zu hoch taxierst.

Aber ich will mich nicht über Mistgabeln verbreiten.

Ich will über das Notizbuch des Gidi reden.

Dieses Notizbuch stammte ersichtlich von einem Jahrmarktskrämer und roch nach dem Stall des Krautgartl Karpus. Es war unfein, aber beleibt. Ich blätterte –

Ja, ich blätterte, während ich ein Flimmern vor den Augen verspürte.

Denn: ich sah Verszeilen, offenkundige Verszeilen!

Der Gidi dichtete. Gedichte! Die ich nicht gefunden hatte, seine lang gesuchte Seele dichtete.

Herrgott!

Ich mußte die Augen schließen, um mich des unstäten Flimmerns zu erwehren. Und innerlich sah ich den Mann, den ich nicht mehr Gidi zu nennen wagte. Den Egidius! Ist Egidius nicht ein arg schöner Name für einen Dichter?

Und: Egidius Pfanzelter ist als Ganzes ein harmonisches Getön. Der Vorname: ehrwürdige antike Klänge, mit einem Hauch von Klassizismus und Patriarchenwürde; der Geschlechtsname: drollig, derb, urdeutsch und knorrig; beide zusammen: originell, jedenfalls nicht verbraucht und entschieden vorteilhaft modern. Es ist gar keine Notwendigkeit vorhanden, den literarischen zweiten Vornamen vorzuspannen.

Egidius Pfanzelter spricht für sich selbst.

Mein Herz schlug erregt bei solcher Meditation. Wenn ich diesen Egidius Pfanzelter der deutschen Nation entdecke?

Wenn ich den Leuten sage: hier habt ihr einen, der aus dem Urgemüte heraus dichtet!

Der am Pfluge seine Reime ersann!

Und der sich nie nach der Druckerschwärze sehnte!

Den Dichter schlankweg!

Wenn ich den Leuten erzähle: diese Verse lagen in einem alten Rock und der alte Rock lag auf einem Düngerhaufen ...

Staunen, Staunen, großes Staunen!

Die Literaten läuten feierlich den neuen Dichter ein. Jeden Tag sendet mir das Zeitungsausschnittbureau die Artikel, die über Egidius Pfanzelter geschmiedet wurden.

Es befindet sich ein Interview des »Berliner Lokalanzeiger« darunter, der Herr von Strackhus zu Kempff-Torgau und Wallerstädt nach Polykarpszell im Bayerischen entsandte. In der »Woche« natürlich das Photo ...

Undsoweiter. Undsoweiter.

Weitere Meditationen,
welche aber jäh beschlossen werden

Auch mußte ich meine Person in das Zukunftsbild hineinmalen. Selbstverständlich.

Was wäre Egidius Pfanzelter ohne mich?

Lediglich: der Gidi. Ein Bauernknecht, der in Diensten des Krautgartl Karpus Mist aufladen muß;

ein Zivilist, der wegen Krampfadern und Satthals militärfrei geworden;

der illegitime Sohn der Anastasia Pfanzelter zu Polykarpszell;

vielleicht noch der Erbe der Tante Ursula Schweck – sonst nichts.

Aber durch meinen Spürsinn, durch mein literarisches Ahnungsvermögen und durch meine Freundschaft: ein Dichter, den sie bestaunen.

Und wenn ein Dichter bestaunt wird – für einen solchen Dichter fällt was ab, jaja!

Und meine Verbindungen, meine Mitgliedschaft in literarischen Vereinen!

Prozente!!!

Da fällt mir das Wort ein, das ich liebe: Prozente!

Alle Theateragenten nehmen Prozente; alle Geldverleiher, die ihr von Gott gegebenes Pfund wuchern lassen. Und ist Egidius Pfanzelter nicht das Pfund, das der liebe Gott in meine Hände gab?

Darf ich mein Pfund begraben? Es wäre unvorteilhaft; auch ließe sich Egidius Pfanzelter trotz Krampfadern und Satthals kaum begraben.

Und dann eben die Prozente ...

Man könnte fünf oder zehn nehmen. Wenn man aber bedenkt, daß Egidius ohne mich nichts ist, denn ein schwankendes Rohr im Winde: der Gidi, der unbekannte Gidi, so genügen zehn Prozente kaum.

Auch dreißig nicht; auch nicht vierzig. Man könnte die Honorare so teilen: er die Hälfte, ich die Hälfte.

Oder wenn ich sage: Gidi, dichte du bei mir zu Hause! Du wirst gut essen, gut trinken, gut rauchen und gut wohnen. Taschengeld – natürlich sollst du Taschengeld erhalten, Gidi! Und diese Bauernarbeit sollst du nicht mehr machen. Nur Verse, Gidi.

Ich sage euch: Egidius würde einen Luftsprung machen, daß die Krampfadern springen; er würde jauchzen, daß der Satthals bersten muß.

Vorsicht! Vorsicht – dem Manne muß man sein Glück schonend beibringen.

* * *

Bevor ich das Büchlein abermals aufschlug, ließ ich die Reihe der Verleger vor meinen Augen aufmarschieren. O, ich suchte nicht unkritisch unter ihnen. Ich suchte den Kapitalskräftigen, den Leibverleger der Großen, dessen neue Bücher wie warme Semmeln ausverkauft werden.

Auch dachte ich an das Copyright und besann mich auf lückenlose Verträge.

Ich wollte nicht umsonst lange um diesen Egidius Pfanzelter gebuhlt haben, bis seine Seele entdeckt war – die ich nun in meiner Hand hielt.

Dickbäuchige, schlecht gebundene Seele!

Ich schlug den Buchdeckel zurück.

Schon ein Gedicht, schon ein Gedicht! Ich las den Text von Pagina Eins des Taschenbuches – und errötete.

»Wo mir dises Bichlein stielt
Is ein Dieb
Wo mir dises Bichlein aber widerbringd
Hab ich lieb!«

Hm. War ich gebrandmarkt? Nein. Ich hatte ja wohl keinen Diebstahl im Sinn. Ich wollte das Ding jedenfalls wieder zurückgeben, gewiß. Und dann musste eben der Passus zur Anwendung kommen:

»Wo mir dises Bichlein aber widerbringd
Hab ich lieb ...«

Und darunter stand – ja, das mußte wohl der Name des Eigentümers sein.

Ja, des Eigentümers?

Es stand aber nicht darunter: Egidius Pfanzelter.

Herrgott, das stand nicht darunter!

Nein!

Deutlich stand es da: Ursula Schweck ...

Also Tante Ursula; die unrechte Schwester der Anastasia Pfanzelter; die Erbtante; die Putzfrau von der Schwabinger Brauerei.

Ich hatte die Seele einer verdorrten Jungfrau gestohlen!

Dichtete diese Seele?

Auch Fräulein Ursula Schweck
ist keine Dichterin

Ich blätterte hastig – doch, da sah ich Verszeilen, Verszeilen! Aber mein Mut war gesunken. Konnte er sich wieder beleben? Alte Jungfern dichten anders als junge Egidiusse. Vielleicht waren alle meine Träume nun umsonst geträumt.

Gedichte eines Naturburschen – ja, die Roßäpfel von einem Altetantenpegasus hatte ich gestohlen. Nichts anderes.

Eine Röte fühlte ich in meinem Gesichte auftauchen, eine flammende Zornröte. Diese Ursula Schweck! Das Dichten soll sie fein bleiben lassen, die!

Tja – und das sind ja nicht einmal Gedichte, diese Verszeilen!

Das sind ja Litaneien!

Litaneien hat sie abgeschrieben –

Die Allerheiligenlitanei.

Die Lauretanische Litanei.

Die Litanei zum Herzen Jesu.

Die Litanei zum Allerheiligsten.

Und noch ein Dutzend Litaneien.

Die Putzfrau der Schwabinger Brauerei ist keine Dichterin ...

Ich bekam einen Wutanfall.

»Gidi!« brüllte ich.

»Was willst?« hörte ich.

Wer da neben mir so schrie, das war er schon, der Gidi. So, wie er vom Düngerauflanden weggelaufen war, so stand er vor mir, hemdärmelig und schmutzig, und erfüllt von Gerüchen.

Aber: warum war er von der Arbeit weggelaufen?

»Wem dees Büachl ghört, frag ih?« schrie er drohend.

»Aber Freund Gidi!« versuchte ich zu lächeln.

»Dir gieb ih na schoh an Freund!« brüllte er. »Du verstohlner Stadtfrack, du spinneter. Gibst mei Büachl her, dees wost gstohln hast?«

Er legte die Mistgabel wie eine Lanze ein. Wie die Hulanen mit den gschpitzigen Lanzen, von denen er einmal geträumt hatte.

Ich entschloß mich sofort zur Herausgabe des Buches. Aber ich reichte es ihm so hin, daß er mühelos das Gedicht auf Pagina Eins hätte lesen können: wo mir dieses Bichlein aber widerbringd.

Bei Gott, er las es nicht. Er schwang die Mistgabel wie ein Ulan, der Gidi.

Ich vergaß, daß er wegen Krampfadern und Satthals militärfrei geworden – und floh.

Unmöglich konnte er mich mit seinen schweren Stiefeln einholen. Aber die Mistgabel warf er mir nach, diese Mistgabel.

Glücklicherweise flog sie an mir vorbei. Als ich ihre spitzen Zinken so blitzen sah, da ging's hell in mir auf: was da so blitzt, das ist sie ja! Das ist ja die Seele des Egidius Pfanzelter!

* * *

Und ich erfaßte diese Seele und machte sie mir zu eigen. Ging hin auf den Jahrmarkt und kaufte mir eines der dickleibigen Notizbücher.

Und mit der Seele des Pfanzelter Gidi schrieb ich die polternden, krummen Polykarpszeller Verse hinein.

Georg Queri

Die weltlichen Gesänge

Lobgesang zu Ehrn von unserer tapfern und freiwilling Feuerwehr Polykarpszell, indem dass sie den hochen und festlichen Tag begeht, wo sie ihr fünfundzwanzigst Jubiläum hat

Wer is's wo unserne Häuser rett, wann's brinna tuat?
Wer anderst,
als wia unser freiwilli und weltberühmte Feuerwehr!
Dee rettn unsere Küah, Ochsn, Roß, Hennan, Säu, Bettn, Schuah,
    Strümpf und Huat,
indem weil sie kema als wia dee rettatn Engl vom Himmi daher.

Was aber den heilin Sankt Florian anbelangt,
auf den konnst dih aa nimmer verlassn,
der hat weiter noh net weni Höf abbrenna lassn!
Und will aso d' Versicherung vom Zahln nix hörn
und sagt: wann wieder oana's Unglück hat und abbrennt,
den lass' ma gleich einsperrn.
Unter dene Umständ derf ma's oan net in Uebl nehma,
wann d' Feuerwehrn allweil mehr und mehr aufkema.

Und jetz könna ma als wia d' Ratzn schlaffa;
bal's brinnt:
d' Feuerwehr werd sih schoh zuawi raffa!

Und nachat steigt der Schaffler Toni auf's brinnate Haus,
und bal er drob'n is,
na laßt er sei Wasser aus;
und der wo moant, da Schaffler Toni fürcht sih,
der kennt'n fei schlecht!

Da Schaffler Toni ferchtat sih net,
und wann's bis zum heilin Himmisfirmament brinna möcht!

Aber der ehrngeacht Herr Beittinger Wiggl,
Kaufmann, Kramer und Kolonialwaarenhandlung allhier,
der is von unsrer tapfern Feuerwehr dee schönste Zier;
der rennt als wia der helliacht Teufi auf'm Brandplatz umanand,
indem er is von unserer tapfern Feuerwehr
der Kommadant.

Und da kraxln s' als wia dee schneidign Gamsböck
an der Loatern nauf,
und trag'n stolz auf'm Buckl dee Wasserspritzn,
wann in Gottes unerforschlichem Ratschluß oaner abifalln möcht,
der taat anderst spitzn!

Und darum: so habts ös aa dee gräuslichn Wundn von der
    Tapferkeit;
der Schmied Kasper,
der hat s' an der Nasn,
der Schreiner Lenz
hat sih sei links Ohrwaschl verbrennt,
und der Bachstoaner Gidi
am Sebastianstag sei greane Hosn.

Aber darum, oh stolzes Herz, verzage nicht:
Indem daß mir unsern ehrngeachtn Bader Flinserer ham,
der hat dee Nasn und das link Ohrwaschl wieder zsammagricht,
und was den ehrgeachtn Schneider Bitzerl anbelangt,
der flickt dee grea Hosn aa wieder zsamm.

Und darum, so schaugn mir ruahi hin auf das unschuldi Kindl
    in der Wiagn,
bal's brinnt,
na wern sie's schoh kriagn,
indem daß unsere tapfere freiwilli Feuerwehr
über dee unschuldign Kindl wacht,
quasi als wia a Englsheer.

Wer aber san dee Mannerleut,
dee wo dem gräuslichn Feuertod aso tapfer in's Auge schaugn?
Dees san dee Mannerleut von Polykarpszell!
Dee san so tapfer als wia dee tapfern Bayern im Jahre anno Siebzig,
da konn ma sagn, was ma wöll!

Oh, ös tapfern Feuerwehrleut,
mir ferchtn nicht das Brinna –
mir ham ja dee tapfer freiwilli Feuerwehr Polykarpszell,
wo löschen kinna!

Von dem schlechtn Brauch,
wo man Nasenbohrn heisst

Annamirl, woaßt es noh:
damals hast grad deine Säu 's Fuatter gschafft,
und ih bin am Zaun dort gstandn bei deiner
und hab dih gfragt:
gell, Annamirl, wann dei Muatter schlafft,
heunt auf d' Nacht,
da laßt mih halt einer?

Da bist rot worn und gschaamih
und hast in deiner Nasn bohrt
und hast ganz staad gsagt: jawoll, Girgl, du derfst scho kema!
Siehgst es, dees hat mih soviel gfreut, 's selle Wort,
daß ih gsagt hab:
jetzt derfst dein Finger scho wieder aus der Nasn nehma!

Und nachat hast dein Finger wirklih wieder aus der Nasn zogn –
hast'n ohgschaut a Zeit lang
ganz verlegn;
aber nachat hast'n in dei Mäui neigschobn –
und siehgst es, Annamirl, deswegn
hab ih dir damals koa Bussl net gebn!

Wie ich die vierthalb Pfund Schweiners gessn hab

Der alte Kopp hat am Kirta a Sau gschlacht
mit vier überzwerchte Finger Speck;
mei Liaber,
von ara söllern Sau, da frißt ma fei a bissl was weg!
Wettn möcht ih:
an dee vierthalb Pfund hab ih schoh ganz gwiß gfressn,
wer aber deessell schweiner Fleisch net so bald vergessn!

Denn's Fressn ist leicht,
aber ma sollt halt an Magn
ehbevor doh a bissl um sei Meinung fragn:
will er's bhaltn, will er's net bhaltn,
tuat's'n umbringa, konn er's aushaltn?

Und jetzt reut's mih.
Und um dees schweiner Fleisch is's anderst schad,
weil er's halt doh net bhaltn hat.

Warum dass ich in München beichtn tu, anstatt bei unsern Herrn Hochwürdn in Polykarpszell

Wahr is's:
ih tua jetz nur mehr z' Münka beichtn,
da vergebn s' dee schwaarn Sündn grad aso wia dee leichtn,
herentgegn:
unser Herr Hochwürdn in Polykarpszell,
der moanat allaweil, ma müaßt pfeilgrad in d' Höll.

Mei Liaber,
dees is fei koa Kloanigkeit!
A söller bracht' oan um dee ganz ewi Selikeit!

Und nixn tuat er verzeihn,
und nixn vergessn,
und grad dee schrecklichn höllischn Strafn tuat er oan zuawimessn;
und wannst aus'n Beichtstuhl kimmst,
da bist brinnrot bis über d' Ohrn,
saggradi, saggradi!
Und hast's ganz Gusto auf d' Weißwürst bein untern Wirt verlorn.

(Wo's best Braat hernimmt zu dee Weißwürst,
und arbeit' s' fest zsamm,
und wo an Petersil net vergißt,
und an Knofl,
ah, und an Mayran!)
Auf mei Ehr und Selikeit, ih iß den seine Weißwürst soviel gern,
aber dees is halt so a Sach mit unsern hochwürdin Herrn!

Amal hat er mih gfragt
(quasi an Gottesstatt),
wer eahm seine Erdäpfl gstohln hat,
an andersmal,
da hätt er dee wissn mögn,
wo eahm allweil d' Hosnknöpf in d' Opferschaln neilegn,
dee boanern und dee eisern.

Und was dee rot Dirn vom Deixlkaschper anbelangt,
(wo schoh wieder in der Hoffnung is),
und d' Weber Cenz, und d' Brandnerin,
da fragat er halt arg umanand,
bis daß oaner mit der Wahrheit rausruckt –
aber indem daß ih die Gabe der Beherrschung hab,
(wo er allaweil in der Predigt so sagt),
und hab glogn als wia druckt.

Und hab mir denkt: pfüat dih Gott, adjes –
beicht ih halt nur mehr in Münka,
und warum sollt er unsern Hochwürdn net aa amal stinka,
(is mir schoh öfter gstunka wia eahm)
und waar dees vielleicht koa christlicher Lebnswandl,
wann ih mit dee Herrn Hochwürde in Münka verhandl?

Und san recht christlich mit oan,
und kimmst ganz anderst hoam.
Und fühlst dih so leicht –
ma hat halt beicht't!

Was i mir heut in der Früh beim Abwaschn denkt hab

Ja, 's Gsicht!
's Gsicht wascht sih freili alls –
aber, warum wascht sih nia neambd an Hals?
Ehnder, daß d' dees scho gsehgn hast,
daß sih oaner seine Ohrn auswascht;
und a diam,
da waschn sih d' Bauernleut aa z' Füaßn,
wann der Dokter sagt:
es is höchste Zeit und sie müassn;
und a diam,
da wascht sih oaner seine Knia –
aber wo ma's ganze Jahr drauf sitzt,
dees wascht ma sih nia!

Was der Cenzi ihre Wadl anbelangt

Siehgst es, Cenzi,
auf alle Leberknödl taat ih gern pfeiffa,
und wann's sei müaßt, vielleicht sogar auf a schweiners Fleisch
    mit Kraut –
wann ih an oanzigsmal deine Wadl derffat greiffa,
Cenzi,
ohne daß mih dei Hiasl wieder gar aso haut!

Und deine Wadl waarn mir viel liaber
als wia an Herr Pfarrer dee sein
und als wia an Herr Kaplan dee sein aa noh dazua –
wann deine Wadl
an oanzigsmal schlaffa möchtn mit dee mein,
und du kriagast voh mir a rots Schneiztüachl,
an recht an süaßn Guglhupf,
blaue Strumpfbandl und an Kampi
und Lebzeltn grad gnua!

Und paß auf:
ih waar recht freundlih zu dir, wannst mir ghörst,
und gell: und deine Wadl wascht dir z'erst!

Oh, wann ich nur koa Bauernbua waar!

Oh, wann ih nur koa Bauernbua waar!
's Bauernbua sei is halt gar aso schwaar!
    Allaweil fahrn, ja fahrn,
    mit'n Mistkarrn, ja Karrn, –
    da muaß ma allaweil
    d' Ochsn, d'Küah und dee Gäul
    abputzn 's hintri Teil –
    da riachst nach Mist, ja Mist,
    weilst a Bauernbua bist!

Oh, wann ih nur a Maurer waar!
's Maurer sei is halt gar net schwaar!
    Baut ma a Haus, ja Haus,
    da schaugt ma raus, ja raus –
    d' Deandln bleim alli steh,
    sagn: hat's der Maurer schö!
    Derf ma in's Haus reigeh?
    Derf ma net bleim, ja bleim,
    zum Zeitvertreim?

Oh, wann ih nur a Schlosser waar!
's Schlosser sei is halt gar net schwaar!
    's Schlüsserl werd gmacht, ja gmacht,
    sperrt auf bei der Nacht, ja Nacht;
    's Deandl schreit: Gott und Herr!
    Geist, was is dei Begehr?
    Lieg dih nur zu mir her –
    ih schlaf so schlecht, so schlecht,
    du kimmst grad recht!

Oh, wann ih nur a Schuaster waar!
's Schuaster sei is halt gar net schwaar!
    s' Deandl braucht Schuah, braucht Schuah,
    Schuaster, greif zua, greif zua!
    Hast an Fuaß in der Hand,

    hast d' Wadl aa scho gspannt,
    und siehgst's gelobte Land.
    Und hast a Freud, a Freud,
    weil's sowas geit!

Oh, wann ih nur a Schreiner waar!
's Schreiner sei is halt gar net schwaar!
    Da machst a Wiagn, a Wiagn,
    's Kind werst schon kriagn, ja kriagn!
    D' Weiberleut spanna's glei,
    sagn: Schreiner, d' Wiagn is neu,
    Schreiner, jetz brauchst a Wei!
    Schaug dir um a Bett, ja Bett,
    und um an Göd!

Oh, wann ih nur a Dokter waar!
's Dokter sei is halt gar net schwaar!
    D' Weiber schrein: kimmst, ja kimmst,
    daßt mir mein Wehdam nimmst!
    Schaugts nur den Dokter oh,
    der is a guater Moh,
    der wo oan helfa koh,
    der hat's studiert, studiert,
    wia ma klystiert!

Oh, wann ih nur a Herr Pfarrer waar!
's Pfarrer sei is halt gar net schwaar!
    's Deandl wann beicht, ja beicht,
    sagt sie's oan leicht, ja leicht,
    ob's blos dee Mannerleut
    oder an Deifi scheut,
    und ob ihr sunst ebbs feit –
    da woaßt es gwiß, ja gwiß,
    wia ma droh is!

Oh, wann ih nur der Deifi waar!
's Deifi sei is halt gar net schwaar!
    Großmuatta, schür ei, schür ei,
    d' Höll muaß warm sei, ja sei!

Heunt is wieder gar koa Ruah,
heunt kehrn s' wieder alli zua –
nur blos der Bauernbua
derf mir net rei, net rei,
muaß im Himmi sei!

WILDERERLIED

Hab dih schoh dersehgn,
bist im Kammerl glegn
bei der Meinign und hast dih gfreut;
werd dee Zeit scho kemma,
wo mir Zwiesprach nehma,
wo dir d' Knia so schnaggln, daß's dih reut.

Geh nur deine Wegerl,
steig nur deine Stegerl –
aus dee Augn, Jaager, kimmst mir net;
heunt werd's Kügerl gossn,
morng werd's Jaagerl gschossn –
steigt an anderer zu ihr in's Bett!

Mach fei Reu und Leid,
eh's dih abikeit!
Morng wann s' d' Fruahmeß läutn, na gehst nei;
wer ih aa neikemma,
wer mei Kügerl nehma,
wer's in Weichbrunn taucha, dees ghört dei!

Und wan s' Elfi läutn,
siehgst mih von der Weitn:
Jaager, fürchst dih net alloa im Wald?
Jaager, hast dein Stutzn?
Jaager, möchst mih putzn?
Jaager, woaßt es, wia a Stutzn schnallt?

Laß dei Kügerl laffa,
tua eahm nachi gaffa,
werst schoh eisehgn müassn, daß's nix is!
Pfiffa hat dei Kügerl,
pfeiffa tuat mei Kügerl,
daß dees meine trifft, dees woaß ih gwiß!

Werd's dih umareißn,
werd's dih zsammaschmeißn,
pfüat dih Gott, adjes, du schöne Welt!
Werd mir nix draus macha,
werd auf deiner lacha,
weil am Kammerfenster oaner fehlt!

Was einen ehrbarn und christlichen Lebenswandl anbelangt

Siehgst es, Annamirl, dees tua ih net,
daß ih mit deiner zum Tanzn gang,
dir is ja der Rock vorn viel z' kurz
und hintn z' lang;
und du bist a sölli und dih straft der liabe Gott,
und es is a rechte Sünd mit'n heilin sechstn Gebot,
und ih mag koane Weibsbilder,
dee wo eahner Kranzl verliern –
vielleicht mag dih der Bratlhofer Blasi,
(der is am Liachtmeßtag vom Tennat runtergflogn,
fehlt eahm seitdem im Hirn).

Schaust'n halt a bissl patschierlih oh,
der is noh ledig
und a kreuzbraver und recht a christlicher Moh
und hat an schön Hof
und vier Roß,
und Geld hat er aa grad gnua –
herentgegn aber ih, mei Gott,
laß doh mir mein Ruah!

Und dees sag ih dir: liaber an Kopf und's Gwand voller Läus,
als wia so a Weibsbild,
wo ma schoh ham koh ledigerweis;
und dees sag ih dir, wann dih ebber fragt:
Ih bin fei nia net in deiner Kammer gflaggt!

In den Himmel möcht ich gar nicht

Versteht sih:
bal ih amal tot bin, daß ih aa a Engerl wern möcht –
aber wettn möcht ih: An heilin Sankt Peterl passat's net recht.
»So«, wur er sagn, »du möchst a Engerl sei?
Ja, moanst, mir lassn an jedn Galgnbazi rei?
Ham aso allweil mit dee himmlischn Wohnunga unser Not,
und der Klauwauf in der Höll bitt aa ums täglih Brot,
und san nur wenih erwählt und auserlesn,
und von deiner hab ih nia nix in mein himmlischn Büachl glesn.
Herentgegn:
Ma kunnt's ja probiern und ma wur's schoh sehgn,
und du waarst vielleicht net dees schlechtest Schmankerl
für an gwissn Herrn Sparifankerl,
hat Hörndl auf, dersell, und hat a rauche Haut
und hat schoh a diam auf Polykarpszell abigschaut,
und hat schoh nachgfragt,
ob net bald wieder a Hurnstingl kimmt,
weil er s' gar so gern beim Krawattl nimmt!«

Mei liaber, wann ma oan gar aso ohsinga tuat,
kriagt ma dengerst a Wuat!
Wur ih sagn: »Vetter Göd,
daßt es woaßt, in dein Himmi mag ih gar net!
Und pfeif auf'n Mond und pfeif auf d' Stern
und will koane Flitscherl net ham und koa Engerl net wern,
und will koan Heilinschei net,
daßt es woaßt, Vetter Göd!«
Siehgst es, so wur ih sagn
und wur mei Sitzfleisch wo anderst hitragn
und gangs lustih in d' Höll –
san no mehra druntn voh Polykarpszell!

WANN ICH ABER DOCH EIN ENGEL WERDEN MÖCHT, DANN TÄT ICH MICH HALT UM EINEN DUMMEN UMSCHAUN, WO MAN DEN HIMMEL ABSCHWÄTZEN KANN

Grad macht s' der heili Sankt Peterl auf, dee himmlisch Tür.
A drei, a vier
schiabt er eini, der Geizkragn.
Jeh, der Bruggnschuaster voh Ismaning!
Der arme Teufi, abgschlampt und lausih guatding,
der is aa dabei!
(s' Gsicht voller Rausch, wie allawei).

Was braucht denn der damisch Bruggnschuaster
in Himmi neikema,
wann s' mih net aufnehma?
Bruggnschuaster, mir wern a Wörterl dischkriern –
dih wern ma wo anders hiführn!

»Bruggnschuaster! He! Schnupfst net noh a Pris,
wo 's doh dee allerletzte is?
Gel, Schuaster, dees hättst aa net glaubt:
s'Schnupfa is fei im Himmi net derlaubt!
San scharf drauf aus: ham alle Samstäg große Parad,
da wird nachgschaugt, wer dees dreckiger Schneiztüachl hat.
Ham an Pfarrer voh Hoanadorf sauber derratn,
war drei Täg im Himmi bei dee ganz vordern Englsoldatn,
am viertn ham s' nach sein Schneiztüachl gschaugt
und am fünftn ham s'n in d' Höll runtergstaubt –
ja, Bruggnschuaster, dees san gspaßige Geschichtn,
und wer gscheidt is, der tuat schoh von vorneh verzichtn
und sagt zu an andern: paß auf, Kamarad,
geh eini für mih, ih pfeif auf dee Gnad!

Und woaßt, Bruggnschuaster, dees is noh net alls!
A diam hat ma doh so a Brenna im Hals,
und hat a truckne Zung und a hoaße Leber –
aber zum Sauffa kriagst nix, dees is dees allergröber!
Oder moanst vielleicht, vorn Himmistor
fahrt aa an dee Samstäg der Bierwagn vor?

Oder moanst, du kriagst da drobn an Beutl und an Diridari,
und im Himmi giebt's an Kramerladn und a Kramermarie?
Na, Bruggnschuaster,
da konnst koan Schußtreiber kaffa und koan Kräuterschnaps net,
Bruggnschuaster, aber dees is a Gfrett!

Und paß auf, Bruggnschuaster:
woaßt, was s' im Himmi kochn?
Siehgst koa Bröckl Fleisch dee ganz Wochn!
Hat schoh oft oaner dumm und tappi umanandergschaut –
Na, hams gsagt, es giebt koa Schweiners mit Kraut!
Oder es hat oaner nach dee Leberknödl gfragt –
nana, hams gsagt.
Aber Dampfnudl mit an Zwetschgntauch?
Na, is erst recht net der Brauch!
(Und woaßt, Bruggnschuaster, tuat's koane Dampfnudl net gebn,
na pfeift doh a jeder auf's ewih Lebn!)«

So hab ih gsagt.
Der Bruggnschuaster, der arme Moh,
hat d'Augn gstellt und hat gschwitzt,
und grad leid hat er oan toh,
und d'Zung hat er rausghängt, und dee hoaß Leber hat er ghabt,
und grad nach Luft hat er gschnappt.
Und na hat er gsagt: »Paß auf, Kamarad,
geh eini für mih, ih pfeif auf dee Gnad!«

Wie dass meine Annamirl einmal unverschämterweis mit Zwilling daherkommen wär

Wann z'viel Äpfl am Baam san, na siehgst es:
wia daß er sih biagt!
Und dees is a saubers Weibsbild, wo gleih Zwilling kriagt –
und siehgst es:
es fallt mir gar net ei, daß ih noh amal mit dir ohbandl,
du bleib nur alloa mit dein sündhaftn Lebnswandl!

(Und was der füri Folgn nach sich ziahgt,
dees spannst,
sunst hättst koane Zwilling net kriagt!)

Und wann dees vom Himmi net a Zoachn zur Bußfertigkeit sei
    sollt,
na müaßt ih ehnder glaubn,
daß dih bald der Sparifankerl holt,
wo schoh lang nach deiner hinspekuliert,

(wo aber gnädigerweis mei arme Seel verschona wird,
indem daß ih schoh lang auf'm Weg der Besserung geh,
sunst gang ih net her und lassat dih steh!)

UNSER HERR HOCHWÜRDEN, WO EINEN SCHMALZLER SCHNUPFT

Schaug'n oh, unsern Hochwürdn Herrn:
schö is er net,
aber an Schmalzler schnupft er gern;
und gsund is's und foaßt
und kuglrund und guat in der Farb, sei Köpfi,
und was gar aso glanzn tuat,
dees hoaßt ma's Nasntröpfi.

Mei liaber,
da muaßt fei obacht gebn, wann er d' Predi halt,
daß dir's Nasntröpfi net auf'n Grind auffifallt.
Wannst gscheidt bist,
na tuast dih net unter d' Kanzl hihocka,
sunst derwischt dee ganz Brüah
mitsamt dee Schmalzlerbrocka,
und derwartst es kaum, bis daß d' Predi aus is
und bis daß er Amen plärrt
und schnupft dee letzt Pris.

Wie mich die Agathl gern hätt heiratn mögn

Agathl, Agathl,
taatst mih jetz möng?
Taatst mih jetz hi-holleroh,
taatst mih jetz hei-holleroh,
heiratn möng?
Dei Miader, dei Röckerl,
san um a kloans Bröckerl,
a kloans Bröckerl z'eng – holleroh!

Ja, jetz taatst mih möng!

Agathl, Agathl,
jetz taatst mih möng!
Jetz taatst mih i-holleroh,
jetz taatst mih a-holleroh,
anderst gern möng!
Jetz waarst mir endlih
a bissl erkenntlih,
jetz kaam ih dir g'leng – holleroh!

ja, jetz taatst mih möng!

Agathl, Agathl,
hast denn dees traamt?
Hast denn so bi-holleroh,
hast denn so bö-holleroh,
hast so bös traamt:
von der Wiagn, von dee Windl,
von an ganz an kloan Kindl,
und hast dih net gschaamt – holleroh!

Ja, hast so bös traamt?

Agathl, Agathl,
was willst jetz toa?
Was willst jetz Di-holleroh,

was willst jetz Du-holleroh,
was willst Dumms toa?
Ebber a Dumma,
der werd schoh noh kumma,
aber d' Auswahl is kloa – holleroh!

Ja, sunst bleibst alloa!

WIE MIR MIT'N HERR SCHULLEHRER TAROKT HAM

Und wann er an Herr Schullehrer heut gar aso hockt,
na waar's besser gwen,
er hätt gestern net mit uns tarokt.
Und der Bügermoaster und ih,
mir ham an Herr Lehrer ja gar net gfragt, ob er mittoa will,
aber mittoh hat er!
Und versteht nix vom Spiel!

Und sei Geld hat er aa net auf der Straßn gfundn,
und mir ham aa net derzeit,
daß mir eahm's Taroka lerna kunntn.
Und dees sollt er nachat doh schoh bald wissn:
wann der Bürgermoaster und ih mitspieln,
nachat werd halt bschissn.

Wann die alt Heindlin
auf den Brucker Markt geht

Wann die alt Heindlin auf'n Brucker Markt hatscht,
da werd z'erst bei der Thalhauserin hingstandn
und werd g'ratscht.

Und bei der Pfreindtnerin bleibt s' aa-r-a bißl steh,
und nachat muaß s' zu der Seitzn Kathrein geh.

Bruader,
da wannst so nachi gangst dene ratschatn Sachn,
aber da müaßt dih bucklig lachn!

Da stellt s' bei der Thalhauserin den schwaarn Korb an Bodn hi,
(weil s' an Schnaps trinkn muaß)
und da kimmt der Thalhauserin sei Hund und hat was im Sih!
Schau, wia er 's Haxl aufhebt!
Und laßt 's scho rinna!

(Oar, denk ih, hat d' Heindlin in sein Korb drinna.)

Bei der Pfreindtnerin wia s' an Korb an Bodn histellt,
kimmt der kloa Spitzl daher und bellt
und riacht.
Aha! sagt er und tuat an G'ruch nachigehn,
is der Thalhauserin sei Hund dagwen!

Und der Spitzl tuat, was er halt toa muaß,
und schickt aa-r-an schön Gruaß.

(Wenn scho Oar im Korb drinna sei –
wann 's a gselchts Fleisch waar, wur 's zwider sei!)

Jetz siehgst d' Heindlin bei der Seitzn Kathrein im G'sprach –
d' Hund laffa ihr scho a Zeit lang nach
und freun sih, daß s' an Korb nohmal aus der Hand tuat,
und sagn:
aber der Korb riacht dir guat!

Der Korb riacht nach 'n Schneider Lenz sein Hund,
und nach 'n Hund vom Brunnenmetzger riacht er scharf –
ham mir aa-r-an Bedarf!

(Mei, oh mei! Sie lassen 's gar aso rinna!
Is dengerst koa Mehl und koa Salz net drinna?)

Aha! Jetz merkt 's d' Heindlin aa schoh und schreit:
Jeßmariandjosef!
Jetz is alles gfeit!
Malefizhund, miserablige,
glei laßt's mir meine Kirtanudl steh!
Meine ganzn Kirtanudln ham s' mir versoacht –
san gwiß alle derwoacht!
Und hat d' Frau Bezirksamtmo extri gsagt: Heindlin hat s' gsagt,
daßt mir fei' d' Kirtanudln net vergißt,
weil s' mei Moh gar so gern ißt!

Und dee alt Heindlin lupft an Deckl auf und schaut nach –
ja, hübsch woach is 's scho, dees ganz Sach.

Jetz woant s'.
Jeh, sagt dee ander, da taat ih jetzt recht plärrn
wegn dee Kirtanudln –
wern scho wieder truckn wern!

Müaß ma s' halt in 's Rohr toa! moant d' Seitzn Kathrein,
glei leg ih noh a paar Scheitl in Ofn ein.

Und legt nach.
Und tuat d' Nudln in's Rohr.
Und trocknt s' schö staad.
Is d' Nässn weg und der Geruch is verwaaht.

Und d' Hauptsach is,
dass da Herr Bezirksamtmo seine Nudln net vermißt,
weil er s' gar so gern ißt.

Es schlaft ein anderer bei ihr

Mei Annamirl, sell is a ganz a schlechti,
alle Lumpereina hat s' ausstudiert,
hab gfensterlt bei ihr
und pfeif: eini möcht ih –
hat mir dees Luader's Fensterl zuagspirrt!
Aber wart, du lumpets Weibsbild, ih woaß schoh, waruma,
is halt vor meiner wer anderer kuma,
den wo der Deifi zuaführt!

Aber wart, du Mensch!
Dir versalz ih's Gwissn!
Mach dei Fenster auf, sunst wer ih wuid!
Balst es net aufmachst,
na werd's dir eigschmissn,
und der Bua, wost drin hast, werd verbluit!

Moanst,
mih sollt da heruntn der Schneewind ohblasn,
daß mir d' Augn tröpfln mitsamt der Nasn –
mach auf, sag ih, sunst wer ih wuid!

Und der ander muaß aussa!
Sunst mach ih eahm Flügl,
(und dees Flüglmacha konn ih fei guat:
mit dee zaachn ochsnflaxern Prügl,
wo er dengerst wo gspürn tuat!)

Moanst,
du derfst mit an andern so in Sündn falln,
und ih kunnt nachat d' Alimentn zahln
für dei sündhafte Gluat?

Kruzitürkn,
moanst, ih mag bis morgn da wartn,
und der ander liegat warm im sündhaftn Bett,
aber ih gfrier mir derweil meine Füaß im Gartn –
willst jetz gleih aufmacha oder net?

Sunst nimm ih a Mistgabl
und stich dein Buam hintn,
daß er sein Ausweg nimmer kunnt findn,
weil 'n der Bader zuagnaaht hätt!

A Büx wann ih da hätt,
na taat ih naufschiassn,
und ih wissat genau, auf was für a Ziel,
und dei rots Herzbluat müassat da aussifliassn,
wost dein Sitzteil hast
und dei Gfühl.
Aber siehgst es:
dir möcht ih net amal a Kugl schenka,
und ih mag überhaupts nimmer an deiner denka,
weil ih dir nix mehr will!

Und wann der Markt is –
nah kriagst voh mir koan Lebzeltn,
und auf der Tanzmusi tua ih dir an Spott,
und an Herr Pfarrer bitt ih:
er sollt dih ausscheltn
zwengn an heilin sechstn Gebot.
Und ih mag dih nimmer;
laß dih hoamgeign,
und an Buckl konnst mir aa noh naufsteign,
Annamirl, pfüat dih Gott!

Von unsern Schullehrer, wo grundschlecht is, aber wann ih einmal einen Dischkurs mit ihm anfangen muss, dann derf er gleich um den Herrn Dokter schicken

Alls, was recht is:
aber mit unsern Herr Schullehrer muaß ih amal raffa,
indem daß der a söller is
und möcht allweil bei meiner Annamirl schlaffa.

Da muaß ih schoh fragn:
erstns, wer hätt dees von unsern Herr Schullehrer glaubt,
zwoatns, is dees an Herr Schullehrer überhaupts erlaubt,
und drittns:
warum als daß an söllan net der Deifi holt,
wo der Jugnd mit 'n guatn Beispiel voroh geh sollt,
wo aber moant, dee stockfinster Nacht
hätt der liab Gott für d' Herr Schullehrer gmacht!

Wo solln denn da dee guatn Sittn bleibn,
wann dee Herr Schullehrer aa schoh sowas treibn?

Ih wer halt doh mit unsern Herr Schullehrer raffa –
na mag er nimmer bei meiner Annamirl schlaffa!

Der Herr Veterinärdokter

Wann d' Kuah 's Grimma wieder gar aso plagt,
na muaß ma ihr an Moasterwurz eischüttn,
hat der Herr Dokter gsagt.

Und 's Moasterwurz eischüttn,
dees mag ih net toa;
d' Kuh braucht koan Schnaps!
Den sauf ih alloa,
und mir schmeckt er guat,
und der Kuah schmeckt er schlecht –
und a Kuah is a Rindviech
und der Herr Dokter erst recht.

Von dem damischen Obern Wirt, wo moant, ih pass auf eahm auf, und bin gwiss net sei schlechtest Kundschaft

Unser Ober Wirt,
der taat grad moana, er derf toa, was er mag!
Wann ih oan an Maßkruag naufschlag,
und wann der Maßkruag derbricht,
na moanat er schoh, den zahl ih –
an Dreck konn er ham, der Lalli!

Da derffat ma ja überhaupts nimmer raffa –
der damisch Kerl, der damisch,
der soll sih halt andere Maßkrüag ohschaffa!
Waar doh gwiß net sei Schadn,
liassat er seine Maßkrüag,
wia's halt früaherszeit aa war,
mit an zinnern Kranzl bschlagn!
Und überhaupts:
wo san denn dee schön zinnern Krüag von der guatn altn Zeit?
Hast a Stund lang damit scherzen könna –
dem Krüag hat nix gfeit!

Aber was den Obern Wirt anbelangt,
dees waar eahm aa wieder net recht,
wann oaner in's Wirtshaus sei Messer mitbringa möcht –
ja,
sollt ma denn jetzt seine dreckatn Gabln hernehma
und oan gleih drei Spitz für oan in's Sitzfleisch neirenna?

Oder moant der damisch Steffi,
er bringt a neue Mod auf,
und mir stecha jetzt mit 'n Löffi?

Und am Samstag,
da hab ih mih mit seiner Kellarin a bißl unterhaltn,
moant er gleih:
dees waarn koane Gspaß und dees liaß er net geltn –
Mei, dee ghört eahm schoh,

so a leetschats Gfriß,
wo s' a rothaarate aa noh is!

Aber dees woaß ih: ih sag's eahm!
Und am Sunnta werd grad aufbegehrt,
und d' Fenster schmeiß ih eam ei,
wia daß es sih ghört!

Beim heiligen Sankt Leonhard

Bein heilin Sankt Hartl in seiner Kapelln,
da tean ma's Bixerl eistelln,
aber 's Bixerl eistelln!
Aber wo gar?
Ja, untern Altar,
da konn's koa Mensch net finden 's ganzi Jahr!

Und für'n heilin Sankt Hartl in seiner Kapelln
tean ma d' Rehböckerl stehln,
aber Rehböckerl stehln;
dees nimmt er net bös,
und er kriagt scho sei Meß,
da muaß er zfriedn sei, was waar denn dees!

Und an heilin Sankt Hartl in seiner Kapelln
tuat der Weihrauch guat gfalln,
aber anderst guat gfalln;
den gebn ma eahm gern,
dem heilinga Herrn,
er werd für d' Wilderer schoh betn wern!

Und an heilin Sankt Hartl in seiner Kapelln,
dem müaß ma a Kirzn aufstelln,
wachserne Kirzn aufstelln!
Der braucht a Liacht,
daß er's aa siahgt,
wia daß koa Jaagersbua koan Wildschütz kriagt!

Und an heilin Sankt Hartl in seiner Kapelln
tean ma zum Schutzpatron wähln,
aba den müaß ma wähln!
Da Gugler Hans,
da Vößtn Franz,
auf dee is gschossn worn, san heunt no ganz!

Wie ich mein teuern Freund Mathias Kreischperer in die Dungetlachen neigschmissn hab

Mein teiern Freund Kreischperer Mathiasl
hab ih gestern in d' Dungetlacha neigschmissn –
der hat seine Zähn anderst aufeinander bissn!

Aber, wia daß er s' aufeinanderbissn hat,
war 's halt doh schoh a bissl z'spaat.

Und wannst da so schö trucka auf'n Dungathaufa drobn stehst
und siehgst sölli Sachn,
Bruaderherz!
Da muaßt fei anderst lachn!

Obwohl der Kreischperer Mathiasl a recht guater Freund
    von mir is –
aber woaßt: dees Gfrieß!
Und dees Zappln voh dem!
Und wia daß er außerkrochn is so schö staad!
Und wia daß er gsagt hat:
Den möcht ih sehgn, wo mih nohmal einischmeißn taat!

Denk ih mir:
Tuast eahm den Gfalln, daß er recht riachn kunnt,
als wia a ganz alter Apothekerhund –
aber laut hab ih gsagt:
Teirer Freund Hiasl, wo fehlt's 'n?
Waruma sollt ih dih denn nohmal einipelzn?

Oh, teirer Freund,
sell will ih gar niamals net toa –
hupfst halt eini alloa!

Er hat's net to.
Ih aa net.
Denn es is guat, wann man die Gabe der Beherrschung hat,
zwoatns:
Weil's oan bei ara söllern Gschicht leicht an Magn umdraaht.

Eine schöne Gratulation unsern Herr Bürgermeister, indem dass ihn das Ross geschlagen hat, hat aber Glück ghabt und lebt heute noch voller Glori

Unsern Bürgermoaster, dem derf ma weiters net gratuliern,
wo'n in der Schmitten 's Roß gschlagn hat
und grad mittn auf's Hirn.
Dees hat an Bummserer to, grad als wann oana gschossn hätt,
hat alls gmoant, auweh!
Bal's nur jetz net mit'n Bürgermoaster enterisch geht!
Und hat'n aso an d' Wand in's Eck hinteri gschmissn,
und an Schmid und sein Gsölln,
dee zwoa hat er aa noh mitgrissn,
und an Ambos hat er noh umgstessn,
(aber da hamma gschaut,)
und von der halbetn Wand hat er an Verputz wegga ghaut,
und is eahm doh nix passiert, hat sih gestern rausgstellt,
und ham ihn gestern in Landtag neigwählt.
Wern Augn macha,
dee Herrn Minister und dee andern Tröpf
und wern sagn: ha, dees san dir aber harte Köpf!

Und wern schoh hübsch fleißi an unsern Herr Bürgermoaster
　　hindisputiern,
und wern ihn halt doh net ausschmiern!
Da könnts Steuern und Abgabn verlanga – nixn werd greicht!
Wo a Roß net ohgreift,
tuat sih aa a Herr Minister net leicht!

Von einem Zaunstecken,
wo aber das Ambsgericht in Unrecht is

Mei teurer Freund Kreischperer Mathiasl,
der hat anderst gschaut:
dem hab ih gestern an Zaunstecka an Schädl naufghaut.

(Indem daß bekanntlih so a Zaunstecka fleckt,
bsunders aber a söller,
wo a Nagl drinna steckt!)

Wia ih den Stecka vom Zaun grissn hab,
da war noh koa Nagl net drinna –
aber mei Gott,
a bissl wird doh a jeder Mensch nagln kinna!
Und wann ih in an Zaunstecka an Nagl neischlag in Ehren, davontwegn
braucht doh mein teiern Freund Kreischperer sei Kopf net ausgschwärn?
Und der Schandarm,
was braucht denn der Schandarm sei Nasn drin ham?
Der Mathiasl und ih,
mir ham uns drei Täg drauf schoh wieder ganz guat vertragn!

Und dees möchte ih aa wissen,
ob dees aa noh a Justiz sei sollt,
wann ih zweng mein teiern Freund a Jahr lang sitzn sollt?

Ich versteh's net –
vielleicht versteht's an anderer, dee Dinga;
und was unsern Herr Hochwürdn anbelangt,
der wird's schoh im Landtag fürbringa!
(Und dee mehrern san mir, und uns derf ma net traun;
es werd halt an Minister über's Stangerl abi haun!)

Wann das Gricht sagt,
ich sollt ein heilign Eid schwörn

Morgn sollt ih aufs Gricht
und schwörn auf Ehr und Selikeit –
aber ih hab's halt gar net mit dene heilin Eid!
erstns:
weil ma auf sölle Sachn doh net so eingricht is,
zwoatns:
wann ih schwörn muaß, schwör ih falsch, ih woaß's gwiß.

Und dees is so wahr als wia zwoamal zwoa vier –
ih hab da dee traurigstn Erfahrunga hinter mir.

Aber natürlih:
dee gstudiertn Herrn,
dee moana allaweil, unseroaner schwört recht gern,
und wolln's quasi,
daß so a dummer Bauernmoh
net anderst als wia meineidih weggeh koh.

Drum hab ih's schoh amal verredt, dees damisch Schwürn,
aber was willst macha –
kriegst halt doh deine Zeugngebührn!

Wo unser Herrgott sein Arm ausserstreckt

Hat mir's mei Vatter schoh allwei gsteckt:
Seppl, da gehst mir net nei,
wo unser Herrgott sein Arm außerstreckt;
    da geit's a Bier
    da geit's an Schnaps,
aber Seppl, und da geit's a Wei!

's erstemal hab ih schoh garit gmögt,
's zwoatemal, da bin ih nei,
wo unser Herrgott sein Arm außerstreckt,
    zweng an Bier,
    zweng an Schnaps,
aber Vatter, und erst zweng an Wei!

's drittemal, da hab ih d' Kellnarin gschmeckt,
denk ih mir: halt, da gehst nei!
Wo unser Herrgott sein Arm außerstreckt,
    da geit's a Bier,
    da geit's an Schnaps,
und d' Kellnarin aber geht drei!

's sellimal, da ham s' mih außaglegt!
Vater, dee Kerl schlagn dir drei!
Da wo unser Herrgott sein Arm außerstreckt,
    da schlagn s' zum Bier
    da schlagn s' zum Schnaps,
aber Vatter, und dengerst zum Wei!

Wie man mit'n Herr Schullehrer umgeh muass

An Herr Schullehrer,
den muaßt a diam Schmalznudln gebn,
na tuat er deine Buam net so oft über's Knia nüber legn;
und an heilin Charsamstag schickst dem gstudiertn Herrn
Oar und a gselchts Fleisch,
sell frißt er gern.
Und an heilin Sankt Martl sein Tag,
da kunnt a Ganserl net schadn;
am Kirta,
da kimmt er schoh voh selber zum schweinern Bratn:
sunst aber muaßt mit dee Einladunga a bissl sparn,
indem daß er halt a Schullehrer is,
und a söller fressat oan arm.

Aber oans, dees werst halt aa noh toa müassn:
auf der Straßn,
da muaßt 'n schoh z'erst grüaßn –
lupfst halt dein Huat a wengl von der Stell
und denkst dir:
oh mei, du notiger Schullehrergsell!

Wann ih auf der Strassn schlafen Tät

Auf der Straßn, und da möcht ih amal schlaffa,
wurn sieh d' Weibsbilder anderst zuawiraffa;

und dee zaundürrn,
und dee wampatn,
und dee nudlsaubern,
und dee gschlampatn,
und dee rinnaugatn,
alle kaamatn!

Und dee gradn,
Und dee krumbn,
ob 's net doh bei meiner schlaffa kunntn.

Und dee lustinga,
und dee fadn –
wettn möchte ih, daß dee alle kema taatn!

Und dee gscheidtn,
und dee spinnatn,
und dee eiskaltn,
und dee brinnatn,
und dee plattatn,
und dee gschopfatn,
und dee gschiaggltn,
und dee kropfatn,
und de harbn,
und dee süaßn,
schwörn tua ih, daß dee alle kema müassn.

Und dee ganz bösn,
und dee ganz bravn,
wenn s' mei Bettstattl auf der Straßn traafn!

Aber schaugn taatn s'
alle groß und kloa,
denn na taat ih sagn:
ih schlaf alloa!

Wann ich eine Wittib trösten dürft

Und dees giebt's ja doh net,
dass a ausgstopfter Kanarivogl noh singa koh!
Und wenn der Bauer amal eigrabn is,
na hat halt d' Bäuerin koan Moh;
und wann s' noh jung is und hat a rogls Bluat,
na konn's schoh sei, daß s' noh a bissl scherzn möcht –
scherzt s' halt mit 'n Knecht.

Und wann s' a schöns Viech hat
Und an saubern Hof beinad und a vier, a sechs Roß,
und überhaupts a schöns Sach –
koh schoh sei,
daß ih na mit ihr Gspassettln mach.

Und mit der Zeit müaß' ma na untern Dach drobn nachischaun –
leicht steht a Wiagn da,
braucht ma koa neui net baun –
hast es ghört, Bäurin?
Wie hätt ma's denn? Wia geht der Wind?
Jetzt schaugst, daßt mih heiratst,
sunst kriagst a kloans Kind?

Wann ih wieder auf'n Tanzboden geh

Auf'n Tanzbodn
muaß ih wieder amal schaugn,
zwegn a paar kohlrappnschwarze Augn,
zwegn a paar baumdicke Wadl,
zwegn an kloan Luadermadl.

Auf'n Tanzbodn
muaß ih wieder amal kemma,
muaß meine Silbertaler mitnehma
und an Ochsnfiesl aa dazua,
denn auf's Luadermadl spitzt a Bua!

Auf'n Tanzbodn
muaß ih wieder amal geh:
Musikantn, jetzt geigts mir schö!
Luadermadl, jetzt tanz' ma oan,
und dein Buam schick' ma hoam!

Auf'm Tanzbodn
muaß ih wieder amal lüagn:
Luadermadl, dih muaß i kriagn,
will dih heiratn, und ih nimm dih gwiß,
wann ih net drauf vergiß!

GEBET ZU UNSERN LIEBN HERRGOTT, WO SEI SUNN
SCHEINEN LASST ÜBER GERECHTE UND UNGERECHTE,
ABER ALLES, WAS RECHT IS: DIESELLN NIEDERZEISMARINGER
HAT ER HALT DOH NET HERAUSSN!

Oh, du liaber Herrgott,
siehgst es denn gar net, wohin dei Langmuat und Güat
mi dene hundshäutern Niederzeismaringer führt,
wo den heilin Namen Gottes an dee Wertag und Feirtag eitl nenna,
und wo ihrn liabn Nächstn
(wo aber mir Polykarpszeller san)
gar nia net verleidn könna:
und vom Graabschuaster Jaggl sollst es doh aa schoh wissn:
am Barthlmarkt
hat mih der Kerl beim Roßhandl bschissn;
und schau nur dene Niederzeismaringer amal zua beim Haberhandl,
da derwischt es gwiß beim sündhaftn Lebnswandl;
und eahna Herr Pfarrer an Gottesstatt
hat gsagt:
daß unser Herr Kaplan Schweißfüaß hat;
und waruma woant mei Schwester aso
und von wem hat s' sei Kind?
Von dee Niederzeismaringer hint!
Und beim Gricht muaßt fragen, da wissn sie's gwiß,
daß a jeder von dene meineidi is!

Oh, du liaber Herrgott im Himmi drobn,
du konnst doh koane söllan Zigeuner net lobn!
Und wannst es grad bei der Hand hättst, a rechts Haglschauern,
so laß's nur grad abi
auf deeselln hundsmiserablign Bauern!
Oh, du grundgüatiger Herrgott,
und deine Blitz laßt aa los –
und wia waar's mit an saggrischn Grimma
für eahnere Roß?

Und vielleicht konnst es eirichtn,
dass eahner Herr Pfarrer verschwindt –
und schickst eahna an recht an lutheranischn
aus Preußn hint!

Wie dass der Föhnwind kommen ist

Der Föhnwind is kumma
gar gaach über d' Nacht –
hollerohdoridoh! –
gar gaach über d´ Nacht.
Der hat dir so saggrische
Gspassettln gmacht –
hollerohdoridoh! –
Hat Gspassettln gmacht.

Dee Weiber, dee altn,
ham gwoant und ham bet' –
hollerohdoridoh! –
ham gwoant und ham bet',
daß der Herrgott im Himmi
a Einsehats hätt –
hollerohdoridoh! –
a Einsehats hätt.

Aber dee Deandln ham greint
auf den saggrischn Wind –
hollerohdoridoh! –
auf den saggrischn Wind.
Weil koa oanziger Bua mehr
zum Fensterln herkimmt –
hollerohdoridoh! –
zum Fensterln herkimmt.

Aber ih bin der Girgl,
und deessell kenn ih net –
hollerohdoridoh! –
und deessell kenn ih net,
dass mih der groß Wind
amal abschrecka tät –
hollerohdoridoh! –
amal abschrecka tät!

Nauf bin ih auf d' Loatern:
Annamirl, he! –
hollerohdoridoh! –
Annamirl, he!
Mach a weng auf da,
oder ih geh –
hollerohdoridoh! –
oder ih geh!

Und d' Annamirl hat aufgmacht,
und der Föhnwind hat glacht –
hollerohdoridoh! –
und der Föhnwind hat glacht;
und d' Annamirl hat a Freud ghabt,
gestern auf d' Nacht –
hollerohdoridoh! –
gestern auf d' Nacht!

DROBN, DRUNTN, UND DRAUSSN UND DRIN

Auf'n Berg,
und da mag ih net steign,
giebt nix schöners wia
's heruntnbleibn!

Und in d' Kircha,
ja, da geh ih net nei –
wann ih drinnat bin,
möchte ih draußn sei!

Aber vom Wirtshaus,
ja, da tuats mir's Inner taugn;
aber's Madl,
dees muaß ih von unt ohschaugn!

Wie ich einmal recht lang auf meine Annamirl hab warten müssen

Gestern hab ih auf mei Annamirl gwart im Garten drunt
von Fünfi bis halb Siebni,
dees san anderthalb Stund;
um Fünfi
is mei Annamirl auf 's Häusl gschobn,
(wartst a bissl, hat 's gsagt)
aber dee Gschicht hat sih bis halb Siebni hizogn.

Und dees Wartn is mir nachat doh a bissl lang vürkema,
schrei ich:
Annamirl, konst denn gar nimmer Abschied nehma?

Da sagt s' ganz woanat außa durch d' Tür:
ih hab ja koa Papier!

Und dees woaß ih seit derer Zeit,
sie hat 's halt doh mit der Reinlichkeit.

Es ist net das Gleiche: wann man die grean Zweschbn stehln tut, oder wann man die blaun stehln tut

Amal ha ih recht viel greane Zweschbn gfressn,
ah, mei Liaber,
da bin ih dir aber so dumm auf 'm Häusl gsessn!
Seit derer Zeit aber woaß ih 's für gwiß,
dass ih nur mehr dee blaun Zweschbn friß.

Und um dee Zeit,
da wo d' Groamatmaahd ohgeht, da is d' Zweschbnzeit da –
so, Zweschbnbaam,
jetzt laß dih recht beutln; Zweschbn, fallts ra!
Ös ganz gschmaachn blaun Zweschbn,
ös ganz süaßn blaun Zweschbn,
enk mag ih gar so viel gern!
– Saggradi, saggradi! Siehgt 's der Bauer –

der Krowatt tuat schoh wieder plärrn;
glaub aber net, daß mih dees Plärrn gar aso schrecka tät,
wann er sein mentischn Ochsnfiesl net in der Pratzn hätt;

Deifi, Deifi, Deifi,
aso a Ochsnfiesl is dir aber raß!
Wann ih nur dee blaun Zweschbn net gar so gern fraß!

Und ih siehg 's schoh:
Auf dee grean Zweschbn kriagst 's Grimma,
auf dee blaun Zweschbn kriagst Schläg,
und Zweschbn hättst mögn und derwischt hast an Dreck,
und hast noh an ganzen Buckl voller Blui –
Baur, deine Zweschbn koh fressn, wer wui.

SCHLEIFERSLEUT

Mir samma dee lustinga Schleifersleut,
Schleifersleut,
fahrn auf und fahrn ab im Land Boarn;
ham koa Roß, schlagt 's uns net,
ham koa Feld, plagt 's uns net,
ham koa Kuah, steßt uns koa Hoarn,
juhe!

 Und hat uns noh nia nix gfehlt,
 als wia der Diridari
 im Beidiweidi,
 als wia 's hundshäutern Geld!

Und hamma koane vier Rappn net,
Rappn net,
so hamma an Schaarschleiferskarrn,
spanna ma d' Weiber ei,
dees werd dees gscheidter sei,
nobliger koh ma net fahrn,
juhe!

 Ös Weiber, huiauf und ziahgts oh!
 Sunst gibt 's an Bucklschmaizler
 und an Ohrnrennats,
 und es wird enk was toh!

Und heirat uns aa koa Frau Gräfin net,
Gräfin net,
so wern ma schoh Weibsbilder kriagn!
Dick und rund mögn ma s' gern,
langhaxat sehgn ma s' gern,
dass s' unsern Schleiferskarrn ziahgn,
juhe!

Und mir brauch' ma ja koa Kopuliern
und koan Blimiblami
und koa Schariwari,
wann ma's Heiratn probiern!

Alle Jahr san ma noh Vater worn,
Vater worn,
z' Passau, da ham sie 's notiert;
mir ham an Hoamatschei,
mir ghörn auf Passau nei,
wann uns a Zuawachs passiert,
juhe!

Und z' Passau, da schüttln s' dee Köpf,
zweng dee Schleifersschliffi
ihre Luadermadl
und dee kloan Schleiferströpf!

Was dem Herr Oberamtsrichter seiner Fräuln Basn passiert ist

Oh mei, der kloa Sepperl vom Sattler hat all Bot was im Sih
und setzt sih überall hi
und is kreuzfiedel und wohlauf
und laßt der Natur sein Lauf –
aber koane Zweschbn siehgst fei net,
wann er wieder aufsteht!

(Respekt, Sepperl, dee Großn
tean 's aa net in d'Hosn,
und in d' Schneiztüachl ghörn s' aa net nei, dee Sachn –
Sepperl, tua nur lusti so weiter machn!)

Siehgst es, da kimmt an Herr Oberamtsrichter sei Basn,
hat a paar Winterfenster auf der Nasn
und tuat koa Straßn und koan Menschn und koan Herrgott
    net sehgn –
aha, recht 's ihr gschehgn:
mit ihre langa Röck
tragt s' an kloa Sepperl seine ganzn Gspaß von der Straßn weg!

Beim Albrechten habens ein Kalbl mit zwei Köpf kriegt

Beim Albrechtn hat s' Küahle kalbert gestern auf d' Nacht;
möcht ma 's glaubn oder net:
a Kaibi mit zwoa Köpf hat 's bracht!
Hast aber dees Kaibi von hint ohgschaugt,
da hat 's koan Schuß Pulver net taugt,
is hint bis zum Schwanz nauf zsammagwachsn gwen –
ja, wo sollt denn jetzt da der Mist hergehn?
Schwitz 'n ja doh koan oanzigs Kaibi aussi beim Hirn
und derfst es noh so klystiern,
und was nutzn zwoa Köpf und a dopplts Grfrieß,
wann der natürli Ausweg net da is?

Und ma konn doh an Veterinärdokter dees teuer Geld net gebn
wegn jeder Handvoll Zibebn,
und an Kaibi a jedes Mal deswegn an Bauch aufschneidn?
Wur an Kaibi schadn und wur 's an Bauern net leidn.

Vielleicht kunnt ma a Handlschaft machn?
D' Köpf san allaweil rare Sachn –
unser Bürgermoaster brauchat schoh lang oan,
an neuchn und bessern,
nehmat der von unsern Kaibi koan?
Herentgegn a Trumm von seine hintern Angelegnheitn
wur für 's Kaibi ganze Lebn bedeutn.

Moan schoh, dass unser Bürgermoaster da was hergebn dürft,
wo er aso allaweil mit dee Einladunga so umananderwirft
und mit dee hintern Kompliment –
wur 's Kaibi und d' Leut freun, und mit dene Einladunga
    hätt 's a End.

Von mein Schneuztüchl
und wann man keins hat

Am Sunntag,
da bin ih in der Eisnboh drin gsessn;
fallt's mir auf oamal ei:
Jeßmarianjosef! Girgl, jetz hast dei Schneiztüachl vergessn!
Ja, dee Schneiztüachl,
dee bin ih fei schoh gwohnt,
aber bei uns wird halt dees teuer Sach gern a bissl gschont,
und es waar koa Wunder, wann 's oaner vergaaß –
so a Schneiztüachl
is ja eh blos a Feirtagsgspaß.

Und mei Gott,
wannts wirklih koa Schneiztüachl hätts:
es schneizt sih doh net a jeds
jedn Tag!
Und für was hat ma denn dee andern Mittl,
beispielsmäßi an Kittl?

Vom Kittl konn ma an Ärml
(wann ma 's a bissl in der Übung hat)
reht guat zum Schneizn benützn,
ih hab mih schoh mit mein rechtn
und mit 'n linkn Ärml aa schoh gschnitzn.

Aber, dees hat ma davoh:
auf oamal fangt so a Ärml 's Glanzn oh,
und wann dir 'n dei Weih net a diam wascht,
konnst drauf schwörn,
daß an Rotz drinna hast.

Und tuast als wia a wilde Sau daherkema, –
recht gschiehgst 's dir:
Warum tuast zum Schneizn net deine Finger nehma?

WANN IM GUGLHUPF KEINE WEINBEERLN UND ZIBEBN DRIN SIND

»Hör nur grad auf, mei liaber Nachtwachter,
hör nur grad auf!
Tuast gar so falsch blasn, weckst alle Leut auf,
mei liaber Nachtwachter, mei liaber Nachtwachter,
du weckst alle Leut auf!«
　　»Ei, du liabs Deandl, aber glei, aber glei
　　wur ih aufhörn mit meiner Blaserei, Blaserei –
　　wannst mih einiliassast in dei Haus,
　　liaß ih 's Wachterhörndl gern heraus!«

»So kimm nur grad rei, mei liaber Nachtwachter,
so kimm nur grad rei!
Bei der Nacht geht der Marder, beim Tag durft 's net sei,
mei liaber Nachtwachter, mei liaber Nachtwachter,
beim Tag durft's net sei!«
  »Ei, du schöns Deandl, woaßt es schoh, woaßt es schoh:
  was a richtiger Mader ist, stiehlt, was er koh, was er koh;
  wannst mih einiliassast in dei Bett
  wur ih ebbs findn, oder wur ih net?«

»Ih hab 's verlorn, mei liaber Nachtwachter,
ih hab 's verlorn!
Is amal oaner kemma, is rauberisch worn,
mei liaber Nachtwachter, mei liaber Nachtwachter,
der is rauberisch worn!«
  »Ei, du schöns Deandl, kimm ih z' spat, kimm ih z' spat,
  wer an andere suachn, des 's Kranzl noh hat, aber noh hat:
  is koa Weinbeerl drin und koa Zibebn,
  brauchst mir aa koan Guglhupf net gebn!«

INHALTSVERZEICHNIS
zugleich:
WEGWEISER DUCH DEN SPRACHSCHATZ DES EGIDIUS PFANZELTER

Im Auftrag des Kaisers Karl von Untersberg 5

(Über Haberfeldtreiber gibt das Konversationslexikon heitere Aufschlüsse.)

augmährig machen: kundtun
kloaweis: en détail, der Münchner liebt dafür das schöne Wort »zitzerlweis«
Grewell: Krawall
kamplt und g'laust: gekämmt und gelaust
ohzogn: angekleidet
dee Menscher a Hemad ohmessn: »Menscher« sind schlecht und recht »Weiber« ohne Beigeschmack; anders verhält sich die Sache mit dem »ein Hemd anmessen«.
lahmarschet: sit venia verbo!
Hosndrähdräh: ditto
taat noth: wär' notwendig
derfat: dürfte
a schöns Gfrett: angenehme Aussichten bezüglich der gußeisernen Weiber
habts enker Kraut: sapienti sat
hamma: haben wir
bal: sobald, wenn

AUS DEM LEBEN DES EGIDIUS PFANZELTER

Was über seine Mutter Anastasia Pfanzelter zu sagen ist ... 11

Blicke in die Seele des Egidius Pfanzelter 13

Meditationen über des Egidius Schreibebuch 15

Weitere Meditationen, welche aber jäh beschlossen werden . 18

Auch Fräulein Ursula Schweck ist keine Dichterin......... 20

DIE WELTLICHEN GESÄNGE

Lobgesang zu Ehrn von unserer tapfern und freiwilling Feuerwehr Polykarpszell, indem daß sie den hochen und festlichen Tag begeht, wo sie ihr fünfundzwanzigst Jubiläum hat 25

rettatn: die rettenden
gleih einsperrn: gleich einsperren; der Worte dunkler Sinn ist eine Warnung an die Herren Brandstifter, die »auf«-brennen, wenn sie abbrennen
schoh zuawi raffa: schon zuraufen
brinnate: brennende
Loatern: Leiter
spitzn: der tät aber Augen machen

Von dem schlechtn Brauch, wo man Nasenbohrn heißt..... 28

gschaamih: geschämig
staad: sanft

Mäui: Maul; »Mund« gibt es im Altbayrischen nicht

Wie ich die vierthalb Pfund Schweiners geßn hab 29

Kirta: Kirchweih
überzwerchte Finger: die Finger nach der Quere gemessen

von ara söllern: von einer solchen

Warum daß ich in Münken beichtn tu, anstatt bei unsern Herrn Hochwürdn in Polykarpszell.................... 30

grad aso: ebenso
herentgegen: dagegen
zuawimessn: zumessen

Braat: Wurstmasse
fragat: er würde fragen

Was i mir heut in der Früh beim Abwaschn denkt hab 32

nie neamd: nie jemand
a diam: ab und zu (diemals)

aa z' Füaßn: auch an den Füßen

Was der Cenzi ihre Wadl anbelangt 33

taat ih pfeiffa: ich würde verzichten
derffat: dürfte
an Herr Pfarrer dee sein: die Wadl des Herrn Pfarrer

Guglhupf: ein Kuchen
Kampi: Kamm
Lebzelten: Pfefferkuchen

Oh, wann ich nur koa Bauernbua waar! 34

bleim: bleiben
gspannt: aufgespürt
geit: gibt
spanna's glei: sie merken sofort
Göd: Taufpate

Wehdam: Schmerz
oh, Moh, koh: an, Mann, kann
sunst ebbs feit: sonst etwas fehlt
droh: wie man dran ist

Wildererlied.. 37

schoh dersehgn: schon erspäht
glegn: gelegen, geschlafen
bei der Meinigen: bei meinem Schatz
Knia schnaggln: die Knie zittern
Jaager, Jaagerl: Jäger, Jägerlein
abikeit: hinunterwirft (unter die Erde, in's Grab)
Fruahmeß: Morgengottesdienst

Weichbrunn: Weihwasser
Elfi läutn: elf Uhr läuten
putzn: wegputzen, erschießen
nachi gaffa: nachgaffen
umareißn, zsammaschmeißn: umreißen, zusammenwerfen
auf deiner: auf dich

Was einen ehrbarn und christlichen Lebenswandel anbelangt .. 39

gang: daß ich ginge
eahner Kranzl: ihr Jungfernkränzel
vom Tennat runtergflogn: von der Tenne herabgefallen
a bissl patschierlih: etwas zutraulich
wo ma schoh ham koh: die man schon haben kann
ebber: jemand
gflaggt: gelegen, geschlafen

In den Himmel möcht ich gar nicht 40

passat's: es würde ihm nicht angenehm sein
wur: würde
Galgnbazi: Galgenvogel
Klauwauf: der Teufel
Schmankerl: ein guter Bissen
Sparifankerl: Teufel
Hurnstingel: ein Mädchenjäger
gar aso ohsinga: gar so Unangenehmes sagen
Vetter Göd: mein lieber Herr!
Flitscherl: Flügel
Heilinschei: Heiligenschein

Wann ich aber doch ein Engel werden möcht, dann tät ich mich halt um einen Dummen umschaun, wo man den Himmel abschwätzen kann 42

schiabt er eini,
der Geizkragn: schiebt er hinein, dieser Geizkragen
lausih: verlaust
daamisch: der dämliche
sauber derratn: regelrecht ertappt
nuntergstaubt: hinuntergejagt
vorneh: von vornherein
Beutl und Diridari: Beutel und Geld
koan Schußtreiber kaffa: keinen Schnaps zur Erleichterung des crepitus kaufen
a Gfrett: eine unangenehme Geschichte
Zwetschgntauch: Pflaumentunke

Und daß meine Annamirl einmal unverschämterweis mit Zwilling daherkommen wär......................... 44

Baam: Baum
ohbandl: anbändeln
füri: was für welche
dess spannst: das merkst du

Unser Herr Hochwürden, wo einen Schmalzler schnupft ... 45

Schmalzler: niederbayrische Schnupftabaksorte von penetrantem Geruch
foaßt: feist, fett
guat in der Farb: recht gerötet
Grind: Schädel

Wie mich die Agathl gern hätt heiratn mögn............. 46

tatst mih möng: tätest du mich (gerne) mögen?
kam ich dir g'leng: käme ich dir gelegen?
traamt: geträumt
gschaamt: geschämt

Wie mir mit'n Herr Schullehrer tarokt ham 48

wann er ihm gar aso hockt: wenn er heute verdrossen ist
gwen: gewesen
derzeit: wir haben nicht Zeit

Wann die alt Heindlin auf den Brucker Markt geht 49

hatscht: hinkt
g'ratscht: klatschen
aa-r-a bißl: auch ein wenig
dene ratschatn Sachn: diesen Klatschereien
hat was im Sih: hat was im Sinn
Haxl: Bein
Oar: Eier
dagwen: dagewesen
gselchts: geräuchertes
gfeit: jetzt ist alles gefehlt!
derwoacht: aufgeweicht
Kirtanudln: eine besondere Spezialität zum Kirchweihfeste
Jeh, da taat ih jetzt recht plärrn: ach, da würde ich doch nicht viel Aufsehens machen!
Scheitl: Holzstücke
verwaaht: verweht

Es schlaft ein anderer bei ihr 52

gfensterlt: bin Nachts an ihr Fenster gekommen
zuagspirrt: zugespert
lumpets: lumpiges
kuma: gekommen
du Mensch: du schlechtes Frauenzimmer
wuid: wild
balst: wenn du
wost: den du
ohblasn: anblasen
zaachn ochsnflaxern Prügel: mit den zähen ochsenziemernen Prügeln
dengerst wo gspürn: ganz gewiß wo verspüren
liegat: der andere würde derweilen liegen
zuagnaaht: zugenäht
wissat: wüßte
wost: wo du

Von unsern Schullehrer, wo grundschlecht is, aber wann ih einmal einen Dischkurs mit ihm anfangen muß, dann derf er gleich um den Herrn Dokter schicken 54

raffa: raufen
an söllan: einen solchen

Der Herr Veterinärdokter 55

s' Grimma: das Leibschneiden
Moasterwurz: ein dem Enzian ähnlicher Schnaps

Von dem damischn Obern Wirt, wo moant, ih paß auf eahm auf, und bin gwiß net sei schlechtest Kundschaft 56

Lalli: dummer Kerl
derffat: dürfte
ohschaffa: anschaffen, bestellen
Kranzl: Zinnsockel
gfeit: gefehlt
der damisch Steffi: dieser dämliche Hanswurst
Löffi: Löffel
Kellarin: Kellnerin
leetschats Gfriß: breitmäuliges Gesicht
aufbegehrt: Lärm gemacht

Beim heiligen Sankt Leonhard........................ 58

Hartl: Leonhard
tean ma's Bixerl eistelln: tun wir die Büchse einstellen
kriagt sei Meß: wir lassen zu seinen Ehren eine Messe lesen
anderst guat: sehr gut
Kirzn: Kerze

Wie ich mein teuern Freund Mathias Kreischperer in die
Dungetlachen neigschmissn hab 60

z'spaat: zu spät
einipelzn: hinaeinwerfen

Eine schöne Gratulation unsern Herr Bürgermeister,
indem daß ihn das Roß geschlagen hat, hat aber Glück
ghabt und lebt heute noch voller Glori 62

weiters net: ganz besonders
Schmitten: Schmiede
Bummserer: Krach
enterisch: verzwickt
nixn werd greicht: hier wird nichts gegeben
net ohgreift: nichts ausrichten kann

Von einem Zaunstecken,
wo aber das Ambsgericht in Unrecht is................ 64

davontwegen: deswegen
zweng: wegen
über 's Stangerl abi haun: das Genick brechen

Wann das Gricht sagt, ich sollt ein heilign Eid schwörn 66

net eingricht: nicht trainiert
Schwürn: das Schwören

Wo unser Herrgott sein Arm außerstreckt............... 67

wo unser Herrgott ....: infolge der unzähligen Wirtshausschilder, die einen ausgestreckten Arm mit einem Glas Bier zeigen, gilt der Spruch als Bezeichnung für Wirtshaus
geit's: gibt's
gschmeckt: gewittert
's sellimal: dasselbige Mal
außaglegt: hinausgeworfen
dengerst: erst recht

Wie man mit'n Herr Schullehrer umgeh muaß 68

über's Knia nüber legn: die bekannte Züchtigung
an heilin Sankt Martl sein Tag: an Martini
kunnt a Ganserl net schadn: es könnte nicht schaden, wenn man ihm eine Gans verehren würde
a wengl: ein wenig

Wann ih auf der Straßn schlafen tät 69

wurn sih: würden sich	*plattatn:* glatzköpfigen
zuawiraffa: herbeidrängen	*gschopfatn:* mit vollem Haar
wampatn: dickbauchigen	*gschiaggltn:* schielenden
gschlampatn: verwahrlosten	*kropfatn:* kropfigen
rinnaugatn: rinnäugigen	*harbn:* herben, bösen
spinnatn: verrückten	*Bettstattl:* Bettlade
brinnatn: brennenden	*traafn:* träfen

Wann ih eine Wittib trösten dürft..................... 71

a rogls Bluat: leichtes, rasches Blut	*nachischaun:* nachsehen
Gspassettln: Späße	

Wann ih wieder auf'n Tanzboden geh 72

Luadermadl: Teufelsmädchen	*tanz' ma:* tanzen wir
Ochsnfiesl: Ochsenziemer	

Gebet zu unsern liebn Herrgott, wo sei Sunn scheinen laßt
über Gerechte und Ungerechte, aber alles, was recht is:
dieselln Niederzeismaringer hat er halt doh net heraußn! ... 73

net verleidn: nicht leiden können	*von wem hat s' sei:* von wem hat sie
eahna: ihr	ihr

Wie daß der Föhnwind kommen ist..................... 75

gar gaach: gar jäh	*a Einsehats:* ein Einsehen
ham bet': haben gebetet	*greint:* gezürnt

Drobn, druntn, und draußn und drin 77

's Inner: das Innere	*ohschaugn:* ansehen

Wie ich einmal recht lang auf meine Annamirl
hab warten müssen................................... 78

gwart: gewartet	*woanat:* weinend
auf's Häusl: ad locum	

Es ist net das Gleiche: wann man die grean Zweschbn
stehln tut, oder wann man die blaun stehln tut 79

greane Zweschbn: grüne Pflaumen	*Groamatmaahd:* Grummermahd
so dumm: ganz gewaltig	*gschmaachn:* lieben
auf'm Häusl: ad locum	*Krowatt:* Kroat

mentischn: sakramentischen
Pratzn: Pfote
raß: er beißt

fraß: fressen würde
blui: Bläue, Ziebe
wui: will

Schleifersleut 81

Mir samma: wir sind
Boarn: Bayern
Hoarn: Horn
Beidiweidi: Beutel
Schaarschleiferskarrn: Scherenschleiferskarren
spanna ma: spannen wir
ziahgts oh: zieht an!

Bucklschmaizler: Prügel, Rückensalbe
Ohrnrennats (Ohrwaschlrennen): an den Ohren ziehen
Blimiblami, Schariwari: Klimbim
Hoamatschei: Heimatschein
Schleifersschliffi: Schleifersspitzbuben

Was dem Herr Oberamtsrichter seiner Fräuln Basn passiert ist 83

all Bot: alle Augenblicke
im Sih: im Sinn
Winterfenster: Brille

seine Gspaß: seine lustigen Verrichtungen

Beim Albrechten habens ein Kalbl mit zwei Köpf kriegt 84

Küahle: Kuh
Kaibi: Kalb
auffi: heraus
Handvoll Zibebn: Zibeben ist als ein großer Euphorismus zu betrachten
net leidn: es geht über seine finanziellen Verhältnisse

brauchat: er bräuchte
an neuchn: einen neuen
nehmat: nähme er
a Trumm: ein Stück
umananderwirft: freigebig ist
hintern Kompliment: Komplimente des Berlichingers

Von mein Schneuztüchl und wann man keins hat 85

Eisnboh: Eisenbahn
Jeßmariandjosef: Jesus, Maria und Josef
Girgl: Georg

eh bloß a Feirtagsgspaß: ohnedies nur ein Luxus für die Feiertage
wannts – hättst: wenn Ihr hättet
g'schnitzn: geschneuzt
Rotz: salva venia Nasenschleim

Wann im Guglhupf keine Weinbeerln und Zibebn drin sind. 87

einiliassast: hineinließest
Wachterhörndl: Wächterhorn

Mader: Marder

Michael Stephan

Mit Nagelschuhen durch die Münchner Bohème
Georg Queri als Mundartdichter

Georg Queri kam im Januar 1900 im Alter von 22 Jahren und mit der Hoffnung auf eine literarische Karriere aus dem dörflichen Starnberg nach München. Seine erste Adresse (der noch viele folgten) war die Hohenzollernstraße 73 in Schwabing.[1] Seinen Lebensunterhalt verdiente er sich zunächst als Privatsekretär in einer Rechtsanwaltskanzlei, ab 1902 arbeitete er als Lokal- und Gerichtsreporter bei den »Münchner Neuesten Nachrichten«. Bereits 1901 veröffentlichte er – allerdings erfolglos – sein erstes Theaterstück »D' Hochzeiterin. Ein oberbayerisches Stück in drei Ereignissen«.

Queri tauchte genussvoll ein in das damalige Bohèmeleben der Stadt. Als Schriftführer der »Camaraderie – Gesellschaft zur Pflege freier Kunst« residierte er im Künstlerhausrestaurant und organisierte dort Leseabende. Mehr Zeit als in seinen ständig wechselnden Wohnungen verbrachte er in Wirtshäusern und Weinlokalen. Im Gästebuch der legendären »Torggelstube«, das sich in der Monacensia, dem Literaturarchiv der Stadt München, erhalten hat, finden sich in der Zeit vom Oktober 1902 bis zum Juni 1904 allein zehn Einträge von Georg Queri.[2] Unter diesen Trinksprüchen und Gelegenheitsgedichten finden sich auch einige ausgefeilte und wohlkomponierte Mundartgedichte. Eines von ihnen – »Da Föhnwind is kumma« – fand später mit leicht verändertem Titel Eingang in die »Weltlichen Gesänge« (S. 75).

Schon diese frühen Arbeiten zeigen, dass Queri seine bäuerliche Herkunft nicht verleugnete, ja er scheint damit sogar kokettiert zu haben. Mit Nagelschuhen und Stock (an dem er wegen eines tragischen Unfalls im Alter von 13 Jahren zeitlebens gehen musste) durch Münchner Salons – das machte Eindruck!

Der Historiker Karl Alexander von Müller erinnerte sich viele Jahre später an eine solche Begegnung im Winter 1906/07: »Wie viele Gestalten drängen sich noch aus diesen Monaten zu! [...]; in einem viereckigen Häuslein in Schwabing, bei einer der vier geschiedenen Frauen Eugen d'Alberts, liest Georg Queri, hinkend und derb, unsagbare bayerische Verse.«[3]

Auch in Kathi Kobus Künstlerkneipe »Simplicissimus« in der Türkenstraße 57 hatte Queri seine Auftritte. Erich Mühsam schildert in seinen »Unpolitischen Erinnerungen« ein solches Ereignis: » Eines Tages verkündete Kathi ihren erstaunten Gästen, dass sie sich mit Ludwig Scharf [einem ihrer Stammgäste, einem Pfälzer Lyriker] verlobt habe. Das Ereignis wurde gründlich gefeiert. Die glückliche Braut traktierte uns mit ungeheuren Mengen Pfirsichbowle. Nach der Polizeistunde wurde die Gaststätte in die geräumige Küche verlegt, und Georg Queri, der kraftbayerische Dialektdichter, hielt eine Festrede, die sich weniger durch sinnige Lyrismen als durch urwüchsige Derbheit auszeichnete.«[4]

Etwa um diese Zeit, im Jahre 1909, veröffentlichte Georg Queri erstmals 28 seiner Mundartgedichte bei der Verlagsgesellschaft München GmbH unter dem Titel »Die weltlichen Gesänge des Egidius Pfanzelter von Polykarpszell« (der Innentitel lautet: »des Pfanzelter Gidi«). Die fünf Einleitungskapitel »Aus dem Leben des Egidius Pfanzelter« sind in dieser Ausgabe von Georg Queri unterschrieben und datiert auf »Oberammergau, an Sylvester 1908«. Weiter ließ Queri folgenden Vermerk in das Buch drucken: »Das Recht des öffentlichen Vortrags dieser Gedichte behält sich der Autor vor.«

Den Buchumschlag dieser ersten Ausgabe, eine barfüßige Bäuerin neben einem Schwein auf einem Misthaufen, zeichnete der Karikaturist Karl Arnold (1883–1953), der seit 1907 für die Zeitschrift »Simplicissimus« arbeitete. Er hatte bereits 1905 den Umschlag von Queris Komödie »Lasset uns lieben« gestaltet. Auch zu Queris Erzählband »Die Schnurren des Rochus Mang, Baders, Messners und Leichenbeschauers zu Fröttmannsau« (1910) steuerte Arnold den Titel und Zeichnungen bei. Von Arnold stammt auch die sehr schöne Porträtzeichnung Queris in dem 1911 erschienenen Buch »Der Wöchentliche Beobachter von Polykarpszell. Geschichten aus einer kleinen Redaktion«.

Diese erste Ausgabe hatte eine Auflage von immerhin 3000 Exemplaren, denn die zweite Auflage, die dann bei dem Verlag R. Piper & Co. im Juli 1911 (im Buch 1912)[5] erschien, trägt den Zusatz »viertes bis vierzehntes Tausend«. Der Verleger Reinhard Piper, der 1904 seinen eigenen Verlag in München gegründet hatte, sollte mit Queris »Weltlichen Gesängen« »die bayerische Ecke« in seinem anspruchsvollen Programm eröffnen.[6]

In seinen Erinnerungen erwähnt der Verleger allerdings diese erste Ausgabe mit keinem Wort, schildert aber sehr eindringlich seine erste Begegnung mit Queri: »Eines Tages, im Jahr 1909, kam ein Autor in unseren Verlag, der sich von allen anderen Autoren sehr unterschied: Georg Queri aus Starnberg, ein kleiner untersetzter Mann in grünem Lodenmantel, den moosgrünen Samthut um den kugelrunden Schädel, rötlichblonde Stoppelhaare, ein ebensolcher Schnurrbart, vor den pfiffig blickenden Augen einen scharfen Zwicker ohne Einfassung. Wegen seines Hüftleidens hinkte er an einem derben Krückstock. Er zog ein Manuskript aus der Tasche. Es waren die ›Weltlichen Gesänge des Egidius Pfanzelter von Polykarpszell‹. Sie ließen nichts an derbem Humor zu wünschen übrig. Sollte sich vielleicht der Erfolg von Arno Holzens ›Dafnis‹, mit dem ich meinen Verlag 1904 begonnen und von dem ich 30 000 Stück verkauft hatte, wiederholen? Jedenfalls, ich riskierte von diesen weltlichen Gesängen eine Auflage von 10 000 Exemplaren, das Stück zu einer Mark.«[7]

Als Illustrator des farbigen Umschlags und der holzschnittartigen Vignetten dieser Ausgabe wurde Paul Neu (1881–1941) gewonnen. Queri und Neu kannten sich bereits durch einen gemeinsamen Auftrag für eine Reklamemarken-Serie der Enzianbrennerei Eberhardt in München.[8] Mit den »Weltlichen Gesängen«, die Neu mit seinen miniaturhaften Zeichnungen treffsicher ergänzte, begann nun eine fruchtbare Zusammenarbeit, die bis zu Queris frühem Tod andauerte. Von den gemeinsamen Arbeiten sind hier vor allem zwei bibliophile Ausgaben im Verlag R. Piper & Co. zu nennen, bei denen sich einmal mehr Queris Talent als Mundartdichter zeigte: zum einen »Der schöne Soldatengesang vom dapfern Kolumbus« (1911), eine lustige Bildergeschichte mit Vierzeilern über die Entdeckung Amerikas durch den zum königlich-bayerischen Infanterie-Leibregiment gehörenden Kolumbus;

zum andern der volkskundliche »Bayrische Kalender auf das Jahr 1913«, der neben vielen Bildern von Neu sieben neue Gedichte Queris und »Zehn lustige Schnaderhüpferl zum fröhlichen Beschluß« enthält.

Aber nicht nur in der Gestaltung durch Paul Neu unterschied sich die bei Piper erschienene Ausgabe der »Weltlichen Gesänge« von der ersten Ausgabe von 1909. Statt 28 enthielt die neue Ausgabe 40 Gedichte, der Umfang hatte sich von 52 auf 104 Seiten verdoppelt. Zusätzlich hinzugekommen war auch der Prolog »Im Auftrag des Kaiser Karls vom Untersberg«, Queris eigene literarische Version vom Haberfeldtreiben, mit dem er sich in dieser Zeit auch volkskundlich auseinander gesetzt hat (»Bauernerotik und Bauernfehme in Obernbayern«, 1911 bei Piper erschienen[9]). Ebenfalls in der ersten Ausgabe nicht vorhanden waren die Erklärungen mundartlicher Wörter am Ende des Buches (»Wegweiser durch den Sprachschatz des Egidius Pfanzelter«), die eher den Charakter eines Glossars haben als Queris 1912 erschienene sprach- und volkskundliche Publikation »Kraftbayrisch. Wörterbuch der erotischen und skatologischen Redensarten der Altbayern«.[10]

Inhaltlich und formal hat Queri bei seinen »Weltlichen Gesängen« davon profitiert, dass er mit seiner volkskundlichen Sammlung von über 20 000 Vierzeilern (mit Schwerpunkt auf erotischen Schnaderhüpferln) zu den besten Kennern des oberbayerischen Volksliedes gehörte. Mit deftiger Komik erteilte er jeglicher Verklärung und Idealisierung des bäuerlichen Lebens eine deutliche Absage. In den »Weltlichen Gesängen« spiegelte sich Queris Lebensgefühl wider, das der alten bayerischem Maxime entsprach: Berge von unten, Kirchen von außen und Wirtshäuser von innen. Dieser Dreiklang war stets ergänzt um eine sexuelle Komponente. Queris kleines Gedicht »Drobn, druntn, und draußn und drin« (S. 77) brachte alles treffend auf einen Nenner.

Wie sehr Egidius Pfanzelter zum alter ego Georg Queris geworden ist, zeigt das Gästebuch des Bratwurst Glöckls in München (heute noch dort in Privatbesitz). Es wurde zum zwanzigjährigen Bestehen im November 1913 von den Stammgästen, darunter Georg Queri und Karl Arnold, angelegt und auf der ersten Seite unterschrieben. Auf den folgenden acht Seiten steht der von Egidius

Pfanzelter verfasste »Bericht über das große Haberfeldtreib'n am 19. Novem[ber] 1913 (der Wirt hats Jubiläum ghoaßn)«.

Die Hoffnung des Verlegers Reinhard Piper auf eine Wiederholung des »Dafnis«-Erfolgs mit den »Weltlichen Gesängen« erwies sich als Irrtum. In seinen Erinnerungen schreibt er ernüchtert: »Die Verbreitung des Bandes war durch den Dialekt sehr begrenzt, aber selbst in München wurde das Buch nicht viel gekauft. Die kleinen bayerischen Orte ohne Buchhandlungen, aus deren Atmosphäre heraus diese Gesänge gedichtet waren, schieden ohnehin aus. Auch rochen sie für empfindliche Nasen zu kräftig. Der Misthaufen und die weiblichen Waden spielten darin eine zu große Rolle. Wer aus dem Buch vorlas, riskierte, mitten darin errötend abbrechen zu müssen. Den literarisch ›Gebildeten‹ war das Buch zu unliterarisch. Und die unliterarischen Leute aus dem Volke kauften keine Bücher. Immerhin: 10 000 Leute hätten sich schon finden sollen, die für diese Gaudi – die sich noch dazu, da sie ja ein Buch war, jederzeit wiederholen ließ – ein Markl springen ließen.«[11]

Das große Publikum hatte Queri zu seinen Lebzeiten im Stich gelassen. Kenner wussten ihn jedoch immer zu schätzen. So bat Artur Kutscher, der bekannte Theaterwissenschaftler an der Universität München, den Schriftsteller zwecks »Förderung eines Jungbayern« Anfang 1913 zu einem Dialektabend in den »Neuen Verein«, bei dem Queri seine eigenen literarischen Produktionen vorstellen konnte.[12]

Letztendlich blieb Queri im Schatten anderer bayerischer Autoren.[13] Da halfen auch solche Werbesprüche wenig: »Wer eine Ahnung bekommen will vom wirklichen bayerischen Bauern, so wie ihn Ludwig Thoma gesehen hat, der soll seine Roman-Bauern-Romane zu Hause lassen und dafür die kleinen Bücher von Queri mit den teilweise köstlichen Zeichnungen von Paul Neu mitnehmen. Wem da kein Licht aufgeht, dem ist nicht zu helfen. (Der Bücherwurm, Dachau)«.[14]

Ende der sechziger Jahre – im Zuge der einsetzenden Bavarica-Welle – versuchte der Piper-Verlag mit Neueditionen und Faksimiles eine Wiederbelebung der Werke Queris. Den Anfang machte 1968 der von Hans Praehofer ausgewählte Sammelband mit dem Titel »Weltliche Gesänge des Egidius Pfanzelter. Bayrische Geschichten, Grobheiten und Lieder«. Er enthielt neben der kompletten Ausgabe der »Weltlichen Gesänge« nach der Ausgabe von 1912 Teile des »Bayrischen Kalenders auf das Jahr 1913«, die Gedichte Queris daraus (unter der Überschrift »Bayrische Lieder«) sowie »Von kleinen Leuten und hohen Obrigkeiten« (erstmals 1914 erschienene Erzählungen).

Queris Mundartverse wurden nun immerhin einer differenzierteren Bewertung unterzogen. Wilfried Feldhütter (1905–2000) stellte sie in einer kleinen Betrachtung über »Mundart und Dichtung« sogar über die von Ludwig Thoma. Weiter heißt es dort: »Wenn Georg Queris weltliche Gesänge des Pfanzelter Gidi von Polykarpszell kaum ihrem Wert entsprechend gewürdigt worden sind, dann ist der Grund dafür bei Queris Prosastücken zu suchen, von denen viele eine flüchtige Schreibweise verraten. Einige Gesänge des Egidius Pfanzelter aber sind aus dem Geist und den Formelementen des oberbayerischen Volkslieds hervorgegangen und in ihrer Art unerreicht. Queri ist dem bajuwarischen Gesang nicht nur bis zur Tuchfühlung nahegekommen. In den besten seiner Gedichte griff er unterentwickelte Möglichkeiten auf und erweiterte ihr klangliches und rhythmisches Wirkungsfeld auf bewundernswerte Weise.«[15]

Die musikalischen Möglichkeiten von Queris Liedern entdeckte als erster der Volksmusikkomponist Ludwig Prell, der 16 Lieder der »Weltlichen Gesänge« für seine Tochter Bally Prell (1922–1982) vertont hat. 1963 wurden acht Lieder mit Instrumentalbegleitung von Josef Amann und Ludwig Prell im Studio des Bayerischen Rundfunks aufgezeichnet. »Mit diesen Aufnahmen sind wahre Perlen schluchzender Volkssänger-Komik erhalten geblieben«, schrieb Cornelie Müller, die 2002 Bally Prells unveröffentlichte Aufnahmen herausbrachte, im dazugehörigen Booklet.[16] In dem Programm »Hommage an Bally Prell« der Kabarettistin Gabi Lodermeier leben auch heute noch diese Queri-Interpretationen weiter.

Als ebenfalls im Jahr 2002 Hans, Christoph und Michael Well von der »Biermösl Blosn« mit ihrer CD »Räuber & Gendarm. Bayerische Räuber- und Wildschützenlieder« auf volkskundlichen Spuren wandelten, durfte auch das »Wildererlied« (S. 37) aus Queris »Weltlichen Gesängen« nicht fehlen.

Einen ähnlichen Ansatz wie ihre Brüder verfolgten ein Jahr später Moni, Vroni und Burgi Well von den Wellküren mit ihrer CD »Das Mensch«, auf der sie bayerische Volksmusik-Traditionals mit anzüglich in Landwirtschaftsmetaphorik verpackte Frauensexualität gesammelt haben, darunter auch ein Text von Georg Queri: »Vorm Annamirl seim Fenster«.[17]

Es bleibt abschließend, auf das positive Urteil von Hans Pörnbacher, einem ausgewiesenen Kenner der bayerischen Literaturgeschichte, über die »Weltlichen Gesänge« hinzuweisen. Auch wenn Pörnbacher der antiklerikalen Einstellung und dem allzu freizügigen Lebensgefühl Queris wenig abgewinnen kann, kommt er doch zu der für ihn überraschenden Wertung: »Seine Lieder und Gedichte hören sich an, als wäre wirklich ein Bursch vom Land am Werk, so ungekünstelt und einfach wirken sie, obwohl sie in Wirklichkeit überaus kunstvoll sind, aber die Raffinesse der Gestaltung und des Ausdrucks sieht man ihnen nicht mehr an; die Wortwahl scheint ganz simpel und beiläufig und doch sitzt jedes Wort, ist schlicht und treffsicher zugleich. Mundartverse, die so tun, als wüssten sie nichts von ›Dichtung‹, das hat es in dieser Form bisher kaum gegeben, das ist Queri Kunst gelungen.«[18]

Anmerkungen

[1] Stadtarchiv München, Meldebogen (PMB G 598).
[2] Monacensia, Album 21.
[3] Karl Alexander von Müller, Aus Gärten der Vergangenheit, Stuttgart 1951, S. 435f.
[4] Erich Mühsam, Unpolitische Erinnerungen, Hamburg 2000, S. 113.
[5] 75 Jahre Piper. Bibliographie. Verlagsgeschichte 1904–1979, München 1979, S. 416.
[6] Edda Ziegler, 100 Jahre Piper. Geschichte eines Verlags, München 2004, S. 39–45.

7 Reinhard Piper, Bücherwelt. Erinnerungen eines Verlegers. Ausgewählt und eingeleitet von Klaus Piper, München 1975, S. 196.
8 Alex W. Hinrichsen, Paul Neu, der bayrische Illustrator und Gestalter aus Holzhausen/Ammerssee. In: (6. Oktober 2003) www.ammerseeregion.de/kunstpaulneu.html.
9 Neuausgabe im Allitera Verlag, München 2004, mit einem Nachwort von Michael Stephan.
10 Neuausgabe im Allitera Verlag, München 2003, mit einem Nachwort von Michael Stephan.
11 Wie Anm. 7.
12 Deutsches Literaturarchiv, Marbach am Neckar: Briefe von Georg Queri an Artur Kutscher vom 19. Februar, 26. Oktober und 7. November 1913
13 Michael Stephan, Georg Queri (1879–1919). Ein Schriftsteller im Schatten von Ludwig Thoma. In: Amperland 40 (2004), S. 420–423.
14 Aus einer Annonce des L. Staackmann Verlag Leipzig im Anhang zu dem im selben Verlag 1920 posthum erschienen Roman »Der Kapuziner« von Georg Queri.
15 Wilfried Feldhütter, Mundart und Dichtung. Möglichkeiten und Grenzen. In: Schönere Heimat 65 (1976), S. 293. Als Beispiel zitiert er »Wie mich die Agathl gern hätt heiratn mögn«.
16 Bally Prell – Aufnahmen 1955–1973, Trikont, München 2002; darunter folgende Queri-Lieder: »Agathl«, »Der Bussweg«, »Die Schneider«, »Der Föhnwind«, »Der Wilderer«, »Auf der Strassn«, »Der heilige Sankt Leonhard« und »Wo unser Herrgott sein Arm aussastreckt«.
17 Beide CDs bei Mood Record erschienen.
18 Hans Pörnbacher, Georg Queri – Volkskundler und Mundartdichter, Journalist und Büchermacher. In: Michael Stephan (Hrsg.), Georg Queri 1879-1919. Journalist, Schriftsteller und Volkskundler aus Oberbayern. Ein Lesebuch, München 2002, S. 15–38, hier S. 17.